LITERATURWISSEN FÜR SCHÜLER

Wie interpretiert man einen Roman

Von
Hans-Dieter Gelfert

Philipp Reclam jun. Stuttgart

RECLAMS UNIVERSAL-BIBLIOTHEK Nr. 15031

Gesamtherstellung: Reclam, Ditzingen. Printed in Germany 2006

ISBN-13: 978-3-15-015031-3
ISBN-10: 3-15-015031-0

www.reclam.de

Inhalt

Vorwort

Der Roman ist mit großem Abstand die meistgelesene Form poetischer Literatur, zugleich aber auch die Form, die am seltensten poetisch, d. h. als Sprachkunstwerk, gelesen wird. Bei einem Gedicht weiß der Leser immer, daß es sich um einen Text von hoher Künstlichkeit handelt. Und bei einem Drama, das man gewöhnlich nicht liest, sondern auf der Bühne sieht, sorgt schon der Regisseur dafür, daß dem Zuschauer das Künstlerische des Werkes – und das heißt immer auch das Künstliche – nicht entgeht. Romane aber liest der gewöhnliche Leser so, als schaue er durch ein geheimes Fenster in eine fingierte Wirklichkeit, in der sich vor seinen Augen eine gewissermaßen »natürliche« Geschichte abspielt. Dabei gerät man als Leser allzu leicht in die Gefahr, dem Kitsch auf den Leim zu gehen, dessen verführerischer Reiz gerade darin besteht, daß er ohne jeden Aufwand des Bewußtseins unmittelbar genossen werden kann. Das vorliegende Buch scheut sich nicht, diesem heiklen Problem ein ganzes Kapitel zu widmen. Zuvor aber will es den Werkzeugkasten des Romanautors öffnen und die einzelnen Teile so ausbreiten, daß der Romanleser befähigt wird, während der Lektüre dem Autor auf die Finger zu schauen. Die Lust am Erkennen und Verstehen der Machart eines Romans wird ihn, den Leser, danach weit dauerhafter befriedigen, als dies der kurzatmige und nach ständiger Wiederholung drängende Kitschgenuß vermag. Dennoch sollte man dabei nicht vergessen, daß Romane nicht geschrieben werden, damit Literaturwissenschaftler daran ihren Scharfsinn erproben können, sondern damit Leser an ihnen Gefallen finden. Wenn das kognitive Verstehen des Werkes nicht in den affektiven Genuß seines Kunstcharakters mündet, war die Lektüre im Grunde unnütz, und man hätte dann lieber ein Sachbuch lesen sollen. Die ästhetische Wirkung wird also bei den folgenden Betrachtungen des Romans unser leitendes Interesse sein.

Allgemeiner Teil

Was ist ein Roman?

Engländer sind bekannt dafür, daß sie einen Sinn fürs Praktische haben und bei einem Ding lieber nach seinen meßbaren Eigenschaften als nach seinem Wesen fragen. E. M. Forster, der 1927 das typisch englische und immer noch sehr lesenswerte Buch *Aspects of the Novel* (*Ansichten des Romans*, 1949) geschrieben hat, definiert den Roman deshalb als »eine Prosafiktion von nicht weniger als 50000 Wörtern«. Als »Fiktion« unterscheidet sich der Roman vom historischen Tatsachenbericht, als »Prosafiktion« vom Versepos und als »Prosafiktion von nicht weniger als 50000 Wörtern« von kürzeren Erzählformen, die wir »Novelle«, »Kurzgeschichte«, »Märchen« oder »Fabel« nennen. Prosaerzählungen von Romanlänge hat es schon in der Antike gegeben, obwohl uns dort die heroischen Versepen vertrauter sind. Im Deutschen pflegen wir die späthellenistischen Abenteuer- und Liebesromane wie z. B. Heliodors *Abenteuer der schönen Chariklea* (3. Jh. n. Chr.) bereits als Romane zu bezeichnen. Im Englischen hingegen zieht man dafür – wie auch für den *Don Quichotte* und die höfischen Romane der Renaissance und des Barock – die Bezeichnung *romance* vor. Der Begriff *novel* wird gewöhnlich mit einer sehr viel engeren Bedeutung verwendet und auf das eingeschränkt, was wir den »bürgerlichen Roman« nennen. Dieser entstand in England im 18. Jahrhundert und hat sich seitdem zur alles beherrschenden Standardform belletristischer Literatur entwickelt. Alles, was wir im folgenden über die Poetik des Romans sagen werden, gilt gleichermaßen für *romance* und *novel*. Erzähltechnisch gehören sie dem gleichen Genre an. Doch als gesellschaftliche und kulturelle Phänomene sind sie Antworten auf sehr unterschiedliche Bedürfnisse.

Der antike wie der höfische Roman entsprachen als Darstellung einer Phantasiewelt einem Bedürfnis, das so alt wie die

Menschheit sein dürfte und das sicher schon Jahrtausende vor Beginn schriftlicher Aufzeichnungen durch lange romanhafte Erzählungen befriedigt wurde. Es ist das Verlangen nach einer fingierten Wirklichkeit, in die sich der Leser oder Zuhörer durch die bloße Kraft seiner Vorstellung hineinversetzen kann. Der »bürgerliche Roman« aber verdankt seine Entstehung einem ganz neuen Bedürfnis, das erst nach der Freisetzung des Individuums aus den Bindungen der Feudalgesellschaft aufgekommen war. In dem Augenblick, in dem der einzelne sich nicht mehr durch die göttliche Vorsehung an einen bestimmten Platz in der Gesellschaft gestellt sah, sondern frei war, sich in der Welt zu verwirklichen, öffneten sich ihm zwei unentdeckte Kontinente, das Reich der Gesellschaft und das der menschlichen Seele. Beides kannte der Mensch des Mittelalters nur in einem universalistischen Sinne. Er sah in der Gesellschaft nur die gottgewollte Ordnung und in jedem Menschen das Ebenbild Gottes. Da er seinen Stand in der Hierarchie kaum verlassen konnte, brauchte er über die konkreten gesellschaftlichen Bedingungen der anderen Stände nicht mehr zu wissen als das, was für die Menschheit ganz allgemein Gültigkeit hatte. Und da das Ziel eines gottgefälligen Lebens nicht die Selbstverwirklichung, sondern im Gegenteil die Selbstentäußerung, die Überwindung des alten Adam war, gab es auch keinen Grund, sich für die Psychologie des Individuums zu interessieren. Was einzig zählte, war die persönliche Läuterung zu normativen Werten hin.

Mit der Freisetzung des Bürgers aus diesen Bindungen trat ein fundamentaler Wandel ein. Jetzt war es für den, der aus seinem gesellschaftlichen Stand aufsteigen wollte, außerordentlich wichtig zu wissen, wie es in den anderen Ständen und Schichten aussah. Und da er sich dabei fortwährend mit anderen Individuen auseinanderzusetzen hatte, mußte er ein Bedürfnis nach Information darüber entwickeln, wie es in deren Köpfen aussah. Heutzutage würden Menschen in einer solchen Situation psychologische und soziologische Lehrbücher konsultieren. Beide Wissenschaften gab es da-

mals noch nicht, wenngleich sich ihre Keime schon bei Montaigne und Bacon zu regen begannen und Hobbes und Locke den Grund für eine empirische Gesellschaftslehre gelegt hatten. Da England dasjenige Land in Europa war, wo sich zuerst eine bürgerliche Gesellschaft herausbildete, wundert es nicht, daß dort auch der bürgerliche Roman entstanden ist. Die beiden Ahnherren der Gattung, Richardson und Fielding, sind dabei zugleich die beispielhaften Repräsentanten der beiden oben genannten Funktionen des Romans. Richardson wurde durch die Einführung des Briefromans zum Chronisten der menschlichen Seele, Fielding durch die Übernahme des episodischen Schemas des spanischen Schelmenromans in gleicher Weise zum Chronisten der zeitgenössischen Gesellschaft; denn dieses Schema gestattete ihm, seine Helden auf ihrer abenteuerreichen Wanderschaft durch alle Schichten der Gesellschaft hindurchzuführen.
Neben diesen beiden neu aufgekommenen Bedürfnissen, die der bürgerliche Roman befriedigte, gab es natürlich weiterhin das uralte Bedürfnis nach spannungsreicher Unterhaltung, das durch jede Form von Abenteuererzählung gestillt werden konnte. So blieb es nicht aus, daß mit dem wachsenden Lesepublikum bald auch ein stetig anwachsender Strom von reiner Unterhaltungsliteratur entstand, die sich anfangs noch an den künstlerischen Romanen orientierte, mit der Zeit jedoch auf das Niveau der »Trivialliteratur« absank. Da aber auch diese sich der gleichen erzähltechnischen Mittel bedient wie der künstlerisch hochrangige Roman, ist der Unterschied für unsere Zwecke zunächst unerheblich. Eine *Theorie* des Romans müßte in dem oben angedeuteten Sinn erklären, weshalb diese Gattung sich im 18. Jahrhundert zu jener eigentümlichen Form des bürgerlichen Romans entwickelt hat. Uns aber geht es vorrangig um die *Poetik* des Romans, d.h. um das Repertoire von Kunstgriffen, das in längeren Prosaerzählungen Anwendung findet. Für diesen Zweck ist Forsters eingangs zitierte Definition eine vollkommen ausreichende Grundlage.

Der Erzählvorgang

Die Grundsituation jeder Erzählung ist die, daß ein Erzähler etwas erzählt. Was aber heißt erzählen? Wer einen wissenschaftlichen Vortrag hält, erzählt nicht, sondern legt einen Sachverhalt dar. Wer eine politische Rede hält, wirbt um Zustimmung für seine Überzeugung. Wer zu einer Gemeinde predigt, will diese zum rechten Glauben bekehren. Und wer eine Presseerklärung abgibt, informiert seine Zuhörer über Tatsachen. In all diesen Fällen wird niemand von Erzählung sprechen, selbst wenn jemand dem Politiker später vorwirft, er habe seinen Wählern Märchen erzählt, oder wenn sich die Erklärung des Pressesprechers als reine Fiktion erweist. Wer etwas erzählt, teilt nicht Ansichten oder Tatsachen mit, sondern bildet in Worten ein raumzeitliches Kontinuum von Ereignissen ab, das der Zuhörer oder Leser sich als ein ebensolches Kontinuum vorstellen soll. Dabei kann es sich um das Abbild eines realen Kontinuums handeln, etwa um die anschauliche Schilderung eines tatsächlichen Erlebnisses oder Geschehens. Es kann aber auch ein erdachtes Kontinuum sein, einfacher gesagt: eine erfundene Geschichte.

Ob real oder erfunden, in beiden Fällen wird durch das Erzählen im Zuhörer parallel zur realen Welt eine bloß vorgestellte aufgebaut, die – anders als die Rede des Politikers oder die Predigt des Pfarrers – ohne Bezug zur Wirklichkeit in sich vollständig ist. Diese Welt wollen wir Fiktion nennen. Dabei soll der Begriff nicht auf erfundene Geschichten eingeschränkt bleiben, wie dies der allgemeine Sprachgebrauch nahelegt. Als Fiktion soll vielmehr das Ergebnis jedes Erzählvorgangs bezeichnet werden, und als Erzählvorgang soll wiederum nur das gelten, was im Zuhörer oder Leser ein Kontinuum vorgestellter Wirklichkeit aufbaut, das ohne Bezug zur realen Welt vollständig ist. Das bedeutet, daß sehr wohl auch eine Erzählung möglich ist, in der alles bis ins letzte Detail Abbild einer genau so geschehenen Realität ist. Sie muß aber so erzählt sein, daß wir stets im Bannkreis der

Erzählung bleiben und nicht auf die Welt außerhalb des Erzählten Bezug nehmen. Die Fiktionalität der Erzählung wird also nicht dadurch definiert, daß das Erzählte erfunden ist, sondern dadurch, daß es so erzählt wird, daß der Hörer oder Leser nicht nach einem Bezug außerhalb des Erzählten fragt. So kann im Extremfall eine absolut wahrheitsgetreue Autobiographie durch ihre Erzählweise zur fiktionalen Erzählung werden, während umgekehrt die gefälschten, also fingierten Hitlertagebücher ebendies nicht waren.
Das erzählte Kontinuum ist einerseits objektiv, da es weder als Vorstellung des erzählenden Subjekts noch als solche des Rezipienten, sondern als eine scheinhafte Objektwelt wahrgenommen wird. Andererseits wird es aber durch das Subjekt des Erzählers eingeschlossen und dadurch von der objektiven Realität abgegrenzt. Insofern hat die fiktionale Wirklichkeit immer einen subjektiven Bezugspunkt. Dieser kann außerhalb oder innerhalb des Erzählten liegen. Im ersten Fall ist er identisch mit der Außenperspektive des Erzählers. Im zweiten Fall kann es die Innenperspektive eines Helden oder Augenzeugen sein, der als erzählendes Ich in der Erzählung auftritt. Es kann aber auch die Erlebnisperspektive von Personen sein, die Gegenstand der Erzählung und damit unabhängig vom Erzähler sind. Erzählergebundene Außenperspektive und personengebundene Innenperspektive markieren zwei entgegengesetzte Koordinaten des Erzählvorgangs. Gewissermaßen senkrecht dazu gibt es aber noch zwei weitere Koordinaten, von denen die eine in die Vergangenheit, die andere in die Gegenwart weist. Mit wenigen Ausnahmen werden fiktionale Geschichten im Präteritum erzählt, das man deshalb auch das »epische Präteritum« nennt. Jeder Leser weiß aber, daß es Erzählungen gibt, bei denen der Blick in die Vergangenheit durchgängig als solcher gewahrt bleibt, während andere dem grammatischen Präteritum zum Trotz eine Vergegenwärtigung des Vergangenen anstreben. Das folgende Schema soll das Gesagte veranschaulichen.

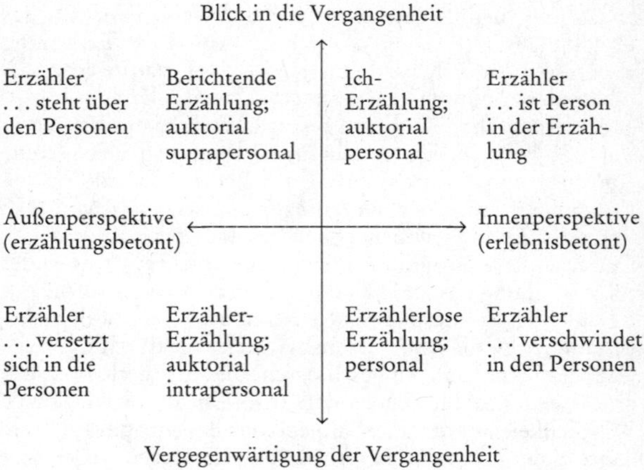

Berichtende Erzählung

Gewöhnlich wird der Bericht deutlich von der Erzählung abgesetzt und seinem Wesen nach als etwas Nicht-Erzählerisches angesehen. Dies trifft für alle Berichte zu, die dem Adressaten etwas über die reale Welt außerhalb des Berichts mitteilen wollen; denn in diesem Falle wird keine geschlossene fiktionale Welt aufgebaut. Jeder Leser weiß aber, daß Berichte allein schon dadurch zu fiktionalen Erzählungen werden können, daß der Außenbezug seine Aktualität verloren hat und vom Rezipienten nicht mehr wahrgenommen wird. Eine Erzählung wie Kleists *Michael Kohlhaas* hätte ja durchaus ein wahrheitsgetreuer Bericht sein können. Auch dann hätte er für spätere Leser den gleichen fiktionalen Charakter angenommen, den er als fingierter Bericht eines im Kern historischen Ereignisses von Anfang an hatte. Der Bericht ist also eine vollgültige Erzählform, die der Erzähler für eine bestimmte Erzählabsicht wählen kann. Seine

Wesensmerkmale sind erstens der Bezug auf etwas Vergangenes und zweitens die ausschließliche Mittlerrolle des Berichterstatters. Dieser kann das, was er berichtet, zwar kommentieren, bewerten oder ironisieren, er darf es aber weder durch Einfühlung in die Figuren des Erzählstoffs noch durch Anmaßung auktorialer Allwissenheit so verwandeln, daß daraus eine fiktionale Gegenwart wird, die im Leser die Illusion weckt, als beobachte er einen Ereignisfluß, der parallel zu seiner eigenen Realzeit abläuft. Der Bericht muß demnach stets mit dem Blick zurück auf etwas Vergangenes erfolgen, und er muß im Verhältnis zur Realzeit des Lesers eine deutliche Zeitraffung erkennen lassen. Außerdem muß sein Erzähler in der Rolle des Berichterstatters bleiben, d.h., er muß die Illusion wahren, daß alles, was er berichtet, durch Tatsachen dokumentiert ist. Infolgedessen wird in einem Bericht das Innenleben dort auftretender Personen nur insoweit dargestellt werden können, als es durch Briefe, Tagebucheintragungen oder ähnliche Zeugnisse zu belegen ist. Einfühlende Beschreibungen innerer Vorgänge oder detaillierte szenische Ausmalungen von etwas, das der Berichterstatter nicht wissen kann, würden den Berichtcharakter zerstören und die Erzählung in die Form der Erzähler-Erzählung übergehen lassen. Wenn es sich allerdings um einen Bericht in der Ich-Form handelt wie z.B. in *Robinson Crusoe*, kann natürlich auch die Innenwelt des Berichtenden zur Darstellung kommen. In einem solchen Fall können Bericht und Ich-Erzählung zusammenfallen.

Erzähler-Erzählung

Als klassische Erzählform gilt gemeinhin die, bei der man den Erzähler in der Erzählung als solchen stets wahrnimmt. Dies ist vor allem beim sogenannten *allwissenden* oder *olympischen* Erzähler der Fall. Doch auch da, wo der Erzähler sich stark zurückhält, wird der Leser ihn immer dann spüren, wenn etwas erzählt wird, was keine Figur innerhalb der

Erzählung so wahrnehmen könnte. Da der Leser weiß, daß der tatsächliche Erzähler einer Geschichte immer der Autor ist, wird er dazu neigen, diesen mit dem Erzähler in der Geschichte zu identifizieren. Doch die Stimme, die zu ihm aus der Erzählung spricht, ist selbst wieder eine Erfindung des Autors und etwas von diesem durchaus Verschiedenes. Die Rolle der Erzählerfigur im Erzählprozeß werden wir noch im einzelnen betrachten. Hier geht es nur um die Beschreibung jenes Erzähltyps, bei dem die Erzählerfigur in der Erzählung stets fühlbar gegenwärtig ist. Trotz dieser Präsenz bleibt aber der Erzähler ein Außenstehender, solange er nicht sich selbst zum Erzählgegenstand macht und als ein Ich in der Erzählung auftritt. Die Außenperspektive des Erzählers bedeutet, daß er den gesamten Erzählraum und die gesamte Erzählzeit überschaut.
Hier tritt nun ein eigentümlicher Gegensatz zum Berichterstatter auf. Letzterer kann zwar – etwa in der Form eines Beobachtungsprotokolls – dicht an dem Punkt bleiben, den der Leser als die fiktionale Gegenwart empfindet, so daß der Eindruck entsteht, als wüßte der Autor während des Schreibens noch nicht, was später folgen wird. Sein Blick aber bleibt auf das Vergangene gerichtet; denn nur dieses kann er berichten. Der auktoriale Erzähler hingegen ist der Schöpfer seiner Geschichte. Deshalb kann er sie so präsentieren, daß der Leser trotz der grammatischen Form des epischen Präteritums den Eindruck hat, Zeuge eines in der Gegenwart ablaufenden Geschehens zu sein, das sich in die Zukunft entwickelt. Während der Bericht Vergangenes bloß reportiert, wird es in der Erzähler-Erzählung aktualisiert und vergegenwärtigt. Der Grad der Vergegenwärtigung kann dabei sehr unterschiedlich sein. Bei Fielding spürt man noch deutlich, daß die Gegenwart eine bloß vorgestellte ist, ebenso bei Walter Scott, bei dem schon der historische Stoff seiner Romane den Blick in die Vergangenheit lenkt, selbst wenn diese vergegenwärtigt wird. Dickens hingegen erreicht einen hohen Grad von Gegenwartsillusion, zumal er mit Vorliebe ein detektivisches Element in seine Handlungen einbaut. Die

Aufklärung eines Geheimnisses aus der Vergangenheit erhöht die Illusion von Gegenwart in der voranschreitenden Haupthandlung.

Ich-Erzählung

Die einfachste Möglichkeit, die Außenperspektive in eine Innenperspektive zu überführen, ist die, daß der Erzähler als Ich in das Erzählte eintritt und sich damit selbst zum Gegenstand der Erzählung macht. In der klassischen Ich-Erzählung geschieht dies in der Form der fiktiven Autobiographie. Da der Ich-Erzähler eine viel stärkere Authentizität des Erzählten verbürgt als der auktoriale Erzähler, ist sein Blick wie der des Berichterstatters in die Vergangenheit gerichtet. Sofern es sich nicht um ein tagebuchartiges Lebensprotokoll handelt, weiß der Leser immer, daß zwischen dem erzählenden Ich und dem Ich in der Erzählung eine zeitliche Differenz liegt. Damit sind dem Ich-Erzähler bei der Vergegenwärtigung des Erzählstoffs enge Grenzen gesetzt. Er kann z.B. längst nicht so einfühlsam über die Innenwelt anderer Figuren schreiben wie der auktoriale Erzähler. Er kann auch nicht, ohne seine Glaubwürdigkeit zu zerstören, größere Zusammenhänge ins Auge fassen, die nur aus der Außenperspektive erkennbar sind. Ebenso schwer ist es für ihn, den Leser auf einen Höhepunkt gespannt zu machen; denn er selbst kennt diesen schon, und der Leser weiß, daß der Erzähler es weiß. Der auktoriale Erzähler hingegen kann die vergegenwärtigende Illusion soweit treiben, daß der Leser vergißt, daß der Erzähler es nur absichtsvoll »spannend macht«. Die Ich-Erzählung ist demnach eine auktoriale Erzählung mit Innenperspektive, die den großen Überblick der Außenperspektive eintauscht gegen die Möglichkeit, eine einzelne Person, eben das Ich der Erzählung, authentisch von innen zu zeigen. Außerdem muß sie für diesen Gewinn mit dem weitgehenden Verzicht auf einfühlsame Vergegenwärtigung und gleiche Verteilung des Leserinteresses auf

mehrere Personen bezahlen. Deshalb steht sie formal dem Bericht ebenso nahe wie der auktorialen Erzählung (wie oben bereits dargelegt wurde).
Neben der klassischen Ich-Erzählung gibt es noch eine zweite Form, in der das Ich am Rande als erzählender Zeuge eines Geschehens auftritt, an dem es selber nur beiläufig oder gar nicht beteiligt war. Damit wird die Außenperspektive des auktorialen Erzählers zwar ins Innere der Erzählung verlagert, aber mit Bezug auf das Hauptgeschehen bleibt sie weiterhin eine Außenperspektive. Dieses Verfahren verbindet die Vorzüge der objektiven, also nicht subjektiv gefärbten Wahrnehmung, den die Außenperspektive ermöglicht, mit der größeren Authentizität, die durch eine Perspektive innerhalb der Erzählung garantiert wird. Verzichten muß der Erzähler allerdings auf die nuancierte Darstellung der Innenwelt seiner Figuren; denn das erzählende Ich ist ja nur als Zeuge und Vermittler von Interesse. Diese Form der Ich-Erzählung, die dem Bericht näher steht als der auktorialen Erzählung, wird von Autoren zuweilen gewählt, um ein exotisches oder wildromantisches Geschehen gleichsam zu neutralisieren, damit es für den Leser glaubwürdig wird. Aus ähnlichem Grund, doch mehr mit der Absicht ironischer Brechung, läßt Thomas Mann in seinem *Doktor Faustus. Das Leben des deutschen Tonsetzers Adrian Leverkühn, erzählt von einem Freunde* die Geschichte eines dämonisch-genialen Künstlers durch den vernünftigen und rechtschaffenen Kulturbürger Serenus Zeitblom erzählen.

Erzählerlose Erzählung

Der Begriff scheint einen Widerspruch in sich selbst zu enthalten; denn überall da, wo etwas erzählt wird, muß auch ein Erzähler sein. Aus der modernen Epik ist uns aber eine Erzählform vertraut, bei der der Erzähler kaum noch spürbar ist. Im Extremfall verschwindet er ganz, wenn z.B. der gesamte Erzählstoff in Dialoge aufgelöst wird, wie das etwa

in den Romanen von Ivy Compton-Burnett der Fall ist. So radikal haben nur wenige Autoren den Erzähler eliminiert. Dennoch befindet sich die Erzählerfigur seit Flaubert auf dem Rückzug, und die meisten Romanautoren bemühen sich sehr, sie nahezu ganz verschwinden zu lassen. Dies ist aber nur möglich, wenn das Erzähler-Subjekt, das entweder als Berichterstatter, als auktorialer Erzähler oder als erzählendes Ich auftritt, durch etwas anderes ersetzt wird; denn ohne einen Subjektbezug könnte die fiktionale Welt nicht in jenen Bannkreis eingeschlossen werden, den wir als die Grundbedingung für das Entstehen einer fiktionalen Wirklichkeit definiert haben. Das Mittel, dessen sich die Autoren seit Flaubert und stärker noch seit Henry James bedienen, ist die Übertragung des Subjektbezugs vom Erzähler auf eine (oder mehrere) Person(en) in der Erzählung. In den ersten Sätzen solcher Romane wird zwar unvermeidlich noch für einen Moment die Anwesenheit eines Erzählers spürbar sein. Danach aber wird das Erzählte so aus der Perspektive der Person(en) entwickelt, daß der Leser den Erzähler ganz vergißt und willig auf die Illusion eingeht, als sähe er einem vor seinen Augen ablaufenden Geschehen zu. In dieser personalen Erzählweise tritt trotz des epischen Präteritums der Vergangenheitsbezug ganz in den Hintergrund. Der Leser glaubt, alles gegenwärtig vor sich zu sehen; und da er keinen Erzähler spürt, geht er auch auf die Illusion ein, daß der Ausgang des Geschehens noch gänzlich ungewiß sei.
Die große Beliebtheit dieser Erzählform in der ersten Hälfte unseres Jahrhunderts ist leicht zu verstehen. Zum einen entsprach sie der vom Naturalismus geforderten quasi-wissenschaftlichen Objektivität der künstlerischen Widerspiegelung von Realität; und zum anderen kam sie einer Rezeptionserwartung des modernen Lesers entgegen, der durch den Film an diese Form der Vergegenwärtigung eines raumzeitlichen Ereigniskontinuums ohne Erzähler gewöhnt war. Andererseits hat aber in den letzten Jahrzehnten offenbar gerade die Konfektionierung solcher Wirklichkeitsdarstellung dazu geführt, daß die Autoren der sogenannten Post-

moderne sich davon wieder abwandten und zu Erzählformen übergingen, die durch mehrfach gebrochenen Erzählerbezug charakterisiert sind.

Die vier hier unterschiedenen Erzähltypen treten selten ganz rein auf. Sowohl die auktoriale Erzählung als auch die Ich-Erzählung bedienen sich oft des Berichts, um in geraffter Form weniger wichtigen Erzählstoff zusammenzufassen. Umgekehrt kann auch eine als Bericht konzipierte Erzählung an besonders wichtigen Stellen in auktoriale Erzählung übergehen, die dann die Anwesenheit eines Erzählers deutlich erkennen läßt. Auch die personale Erzählweise wird nicht immer konsequent durchgehalten. Der Autor müßte sonst auf die Darstellung aller Wirklichkeitsbereiche verzichten, die nicht aus der Perspektive einer Person im Roman erfaßt werden können. Schon eine knappe Beschreibung der ländlichen oder städtischen Umwelt, in der die Person lebt, geht über deren Wahrnehmungsperspektive hinaus. Es kann sich hier also nur um Grundtypen handeln, die von den Autoren annäherungsweise angestrebt werden, sich aber nur selten in reiner Form realisieren lassen.
Franz K. Stanzel hat drei der vier hier unterschiedenen Erzählformen als »typische Erzählsituationen« definiert und auf ihnen eine Romantypologie aufgebaut, auf die wir später noch eingehen werden. Es sind die Typen des »auktorialen Romans«, des »Ich-Romans« und des »personalen Romans«. Dieser Dreiteilung schickt er aber noch eine andere Unterscheidung voraus, nämlich die zwischen »Bericht und Darstellung, oder *berichtender Erzählung und szenischer Darstellung*, wie sie hinfort um der terminologischen Eindeutigkeit willen benannt werden sollen« (*Typische Formen des Romans*, S. 12). Allerdings sieht er darin nur zwei »Grundformen des Erzählens«, »denen weittragende Gestaltungskraft zugesprochen werden muß«, die sich aber nicht »zur Konstituierung von Typen« eignen (S. 15). Wie wir später zeigen werden, sind aber auch die drei Erzählsituationen keine ausreichende Basis für eine schlüssige

Romantypologie. Aus diesem Grunde haben wir sie hier mit der »berichtenden Erzählung« zu vier *Grundformen des Erzählens* zusammengefaßt, um später eine Typologie des Romans vorzustellen, die nicht von der Erzählsituation, sondern vom Fiktionsmodus ausgeht.

Der Erzähler

In allen drei Gattungen der schönen Literatur wird etwas durch Sprache aus dem Bewußtsein eines Autors in das eines Lesers bzw. Zuschauers projiziert. Dabei empfängt der Leser den Bewußtseinsinhalt des Autors gewissermaßen durch ein »Objektiv«, das den Übergang vom Subjekt des Senders zu dem des Empfängers darstellt. Im Gedicht ist das Objektiv das lyrische Ich, durch das wir in ein subjektives Inneres schauen, dessen Inhalte nicht mit denen des Dichterbewußtseins identisch sein müssen, die aber nichtsdestoweniger Inhalte eines lyrischen Subjekts sind. Epik und Dramatik hingegen sind mimetische Gattungen, die die Bewußtseinsinhalte des Dichters nach außen projizieren, so daß der Leser bzw. Zuschauer sie als eine objektive Wirklichkeit wahrnimmt. Das Drama, wenn es aufgeführt wird, simuliert diese Wirklichkeit unmittelbar und konkret als raumzeitliche materielle Welt. Und selbst wenn es nicht aufgeführt wird, erwartet es vom Leser, daß dieser sich die raumzeitliche materielle Welt unmittelbar, d. h. ohne spürbare Vermittlung des Autors vorstellt. Es bildet also die Bewußtseinsinhalte des Autors linear, d. h. ohne Veränderungen der Optik ab. In der Epik aber wird die mimetische Wirklichkeit nicht simuliert, sondern der Leser muß sie sich selber als fiktionale Welt vorstellen. Diese wird ihm nicht als lineare Abbildung der Bewußtseinsinhalte des Autors vorgeführt, sie wird ihm vielmehr durch das variable Objektiv des Erzählers ins Bewußtsein projiziert. Die Brennweite des Objektivs, um im Bilde zu bleiben, kann vom Erzähler jederzeit verändert

werden; und der Leser wird solche Veränderungen mühelos feststellen können, wenn er sich für einen Augenblick von der Illusion der bloß fingierten Realität des Erzählten losreißt.
In jeder Erzählung ist ein Erzähler präsent, selbst wenn er sich hinter dem Erzählten so gut versteckt, daß der Leser ihn, sobald die Illusion der fiktionalen Wirklichkeit etabliert ist, überhaupt nicht mehr wahrnimmt. Da er aber gewissermaßen die Austrittsöffnung ist, durch die die Bewußtseinsinhalte des Autors in das Bewußtsein des Lesers gelangen und für diesen objektiv werden, ist er – im Sinne der Optik – das Objektiv, das die Fiktion als Bild entstehen läßt. Damit ist der Erzähler nicht nur das erste, sondern das entscheidende Element, durch das Erzählung sich als solche konstituiert. Der naive Leser wird dazu neigen, den Erzähler, sobald er ihn wahrgenommen hat, mit dem Autor zu identifizieren. In einigen Fällen mag dies tatsächlich gerechtfertigt sein, z.B. bei sendungsbewußten Autoren wie D. H. Lawrence, die ihre Figuren zu Sprachrohren der eigenen Gedanken machen. In aller Regel aber ist der Erzähler ein vom Autor erfundenes Element der Erzählung, nämlich die von ihm selbst gewählte Optik, durch die er die Erzählung vermitteln will. Bei dieser Wahl hat er große Freiheiten. Zunächst kann er, wie schon im vorangegangenen Kapitel dargelegt wurde, entweder die Außenperspektive oder die Innenperspektive wählen. In letzterem Falle kann er ein Weiteres tun und ein fingiertes Ich als Erzähler einführen. Aber selbst wenn er darauf verzichtet, wird dennoch alles, ob von außen oder von innen, von einem Erzähler erzählt, den der Autor beim Erfinden der Erzählung als erstes schuf. Wählt der Autor eine Optik mit fester Brennweite, d.h., schafft er die Illusion, als sähe man als Leser von der fingierten Wirklichkeit einen stets gleich großen Ausschnitt bei stets gleich großer Distanz zum Erzählten, dann wird man die Anwesenheit des Erzählers kaum wahrnehmen und statt dessen der Illusion erliegen, als sähe man das Erzählte unmittelbar vor sich. Sobald aber die Brennweite verändert wird und sich die Distanz

zum Erzählten verlängert oder verkürzt, weiß der Leser, daß da ein Erzähler ist, der die Einstellung des Objektivs verändert. Allerdings kann der Autor auch die Illusion wecken, daß sich die Verkürzung der Distanz auf die Wahrnehmungsoptik einer Figur in der Erzählung selbst beziehe. Dann werden wir als Leser keinen Erzähler spüren. Aber auch dann haben wir es mit einem variablen Objektiv zu tun, also mit dem, was die Erzählung zur Erzählung macht. Eine feste Brennweite läßt sich praktisch nicht durchhalten, es kann nur die Illusion größtmöglicher Objektivität geweckt werden. Bei genauem Zusehen wird man immer merken, daß sich das Objektiv verändert, daß es größere oder kleinere Ausschnitte erfaßt und daß die Distanz zum Erzählten von Mal zu Mal variiert. Der Erzähler ist damit das, was bei einer Romaninterpretation zuallererst dingfest gemacht werden muß; denn wenn er, wie wir sagten, den Erzählvorgang überhaupt erst konstituiert, ist – um das Bild noch etwas weiterzutreiben – die Kameraführung derjenige strukturbildende Ablauf, der einer Erzählung die allererste, grundlegende Form gibt.

Erzähleinstellung

Wenn der Erzähler die Bilder seiner Erzählung ins Bewußtsein des Lesers projiziert, kann er dafür die zuvor erörterten Erzählerrollen wählen. Er kann – um in der Filmterminologie zu bleiben – wie der Fernsehmoderator eines Dokumentarfilms neben oder zwischen den Bildern oder unsichtbar hinter der Kamera stehen und das Gezeigte kommentieren (auktoriale bzw. berichtende Situation). Er kann aber auch selber in der vorgeführten filmartigen Bildfolge erscheinen (Ich-Erzähler). Er kann schließlich, drittens, den Film, den er selbst hergestellt hat, kommentarlos vor dem Zuschauer ablaufen lassen (personale Situation). In allen drei Fällen kommt aber darüber hinaus ein weiteres Element ins Spiel: die Einstellung und Führung der Kamera. Um das Gleichnis nicht über Gebühr zu strapazieren, wollen wir zum Erzählen zurückkehren und dieses Element die *Erzähleinstellung* nennen. Sie ist das, was zusätzlich zum Woher des Erzählvorgangs dessen Wie bezeichnet. Es sind auch hier drei Dinge, die diesem Wie die von Fall zu Fall charakteristische Prägung geben: erstens die Festlegung des fiktiven Blickpunkts, also die *Perspektive*, zweitens die *Weite des Blickwinkels* und drittens die subjektiv wertende Einfärbung der Darstellung durch eine für den jeweiligen Zweck gewählte *Stilhaltung*.

Erzählperspektive

Mit der Herausbildung der personalen Erzählweise wurde die Erzählperspektive immer mehr als ein erzähltechnisches Mittel und damit auch als ein neues literaturwissenschaftliches Problem erkannt. Das Prinzip als solches ist aber viel älter. Schon im Briefroman des 18. Jahrhunderts haben wir es mit einem *multiperspektivischen* Roman zu tun, während man den Tagebuchroman als einen *monoperspektivischen* bezeichnen kann. Auch in der modernen Literatur finden wir diese beiden Standardformen der Perspektive. Romane, deren Hauptakzent auf dem psychologischen Verhalten liegt, werden sich auf die Perspektive des zentralen Helden beschränken, um dessen Psyche in möglichst komplexer Form für den Leser nachvollziehbar zu machen. Liegt der Akzent hingegen auf gesellschaftlichem Handeln, dann ist es für den Leser interessanter, das Verhalten der einen Person auch einmal aus der Sicht einer anderen zu sehen. So hat Uwe Johnson in seinem Roman *Zwei Ansichten*, der von der Liebe zwischen einer Ostdeutschen und einem Westdeutschen zur Zeit der Mauer handelt, die Erzählung konsequenterweise auf zwei Perspektiven verteilt. Noch weit komplexer hat William Faulkner die Perspektiventechnik gehandhabt. In *Als ich im Sterben lag* erzählt er eine Geschichte kaleidoskopartig aus der Sicht von fünfzehn verschiedenen Personen, unter denen sich sogar eine Tote befindet. In *Schall und Wahn* wird ein und dieselbe fiktionale Wirklichkeit, wenngleich nicht dieselbe Geschichte, aus der Perspektive von vier verschiedenen Personen dargestellt. Dieser Kunstgriff wurde schon im 19. Jahrhundert von Robert Browning in seiner ambitionierten Versdichtung *Der Ring und das Buch* praktiziert, wo ein und dieselbe Geschichte von einem Dutzend verschiedener Personen erzählt wird. Es geht dabei auf ähnliche Weise um das Problem der Wahrheitsfindung wie in dem bekannten japanischen Film *Rashomon*, der die gleiche Geschichte viermal aus der unterschiedlichen Sicht der Beteiligten vorführt. Die letztgenannten Beispiele machen bereits deutlich, daß die Erzählung aus verschiedenen Perspektiven kein bloßer erzähltechnischer Kunstgriff zu sein braucht, sondern Teil der epischen Weltdeutung sein kann, die ein Roman vermitteln will. Deshalb ist es bei der Interpretation wichtig, von Anfang an darauf zu achten, aus wessen Sicht die jeweilige Szene erzählt wird.

Zu den Merkwürdigkeiten der modernen Kultur zählt, daß das perspektivische Darstellungsprinzip eigentlich zu den besonderen Möglichkeiten des Films gehört, dort aber nur selten angewendet wird. Bei der Betrachtung des Erzählvorgangs wiesen wir bereits darauf hin, daß die Erzählung mit dem Film das variable Objektiv gemein hat. Insofern steht der Film der Epik näher als dem Drama. Tatsächlich sind aber die meisten Regisseure darauf aus, mit dem Drama zu wetteifern, statt die spezifisch epischen Möglichkeiten des Mediums zu nutzen. Um so mehr haben experimentierfreudige Autoren filmische Möglichkeiten in die Erzählung hereingeholt. So läßt z.B. Faulkner seinen Roman *Licht im August* damit beginnen, daß Lena Groves, eine der weiblichen Zentralfiguren, am Wegrand sitzt und einen Maultierkarren auf sich zukommen sieht, an dem sie kurz vorher vorbeigegangen war, als dieser am Fuße des Hügels stand und die Maultiere zu schlafen schienen. Dieser Anlaß öffnet die Blende für einen Rückblick auf ihre Vorgeschichte, die aus ihrer Perspektive dargestellt wird. Danach wechselt die

Kamera plötzlich den Standort und übernimmt den Blickpunkt der beiden Männer auf dem Karren. Der harte Bildschnitt wird noch dadurch verstärkt, daß eine zeitliche Rückversetzung stattfindet; denn diese zweite Erzählsequenz beginnt schon in dem Augenblick, in dem die Männer das Mädchen an sich vorbeigehen sehen, bevor sie selber den Maultierkarren danach besteigen.

Perspektive im Erzählvorgang, ihr Wechsel ebenso wie ihre Konstanz, ist ein erzähltechnisches Mittel, um die Relativität jeder Wahrnehmung von Wirklichkeit und die Fragwürdigkeit aller Wahrheitsbehauptungen sinnfällig zum Ausdruck zu bringen. Deshalb wundert es nicht, daß in einer skeptischen Zeit wie dem 20. Jahrhundert die auktoriale Erzählweise – außer in ironisch gebrochener Form – kaum anzutreffen ist, während die personale Erzählweise, die aus der Perspektive einer oder mehrerer Personen im Roman erzählt, lange Zeit die moderne Standardform war, bevor in den letzten Jahrzehnten die sogenannte postmoderne Erzählweise aufkam, bei der der Text selber ein solches Eigenleben entfaltet, daß er gewissermaßen an die Stelle des Erzählersubjekts tritt.

Blickwinkel

Zur Erzählperspektive gehört nicht nur die Zuordnung zu einem wahrnehmenden Subjekt, sondern auch eine bestimmte Öffnung des Blickwinkels. Es liegt auf der Hand, daß ein auktorialer Erzähler, der das Geschehen aus olympischer Höhe betrachtet, einen weiteren Blickwinkel hat als ein Ich-Erzähler, der nur das berichten kann, was er selber entweder erlebt oder in Erfahrung gebracht hat. Noch enger muß der Blickwinkel in einer personalen Erzählung sein, da hier die Fiktion aufgebaut wird, daß das jeweilige momentane Geschehen von einer der beteiligten Personen wahrgenommen wird. Es gehört zum Wesen des Erzählvorgangs, daß sein variables Objektiv den Blickwinkel stufenlos ändern kann. Dennoch lassen sich allgemein vier Winkelöffnungen unterscheiden, die vom Autor je nach Erzählsituation gewählt werden können. In auktorialen Romanen, zumal in solchen des 18. und frühen 19. Jahrhunderts, pflegt der Erzähler mit einem Blick aus olympischer Höhe zu beginnen, der entweder die ganze Vergangenheit des Helden oder die geographische Region des zu erzählenden Geschehens ins Auge faßt. Danach geht er gewöhnlich auf kürzere Distanz und beschränkt sich auf einzelne *Szenen*, doch kehrt er zwischendurch immer wieder zu dem großen *Panoramablick* zurück, der die Einzelszenen in ihrem Zusammenhang überschaut. Diese sehr nützliche Unterscheidung von *szenisch* und *panoramisch* wurde durch den englischen Romanautor und Kritiker Percy Lubbock in seinem Buch *The Craft of Fiction* (1921, *Die Kunst der Fiktion*) in die Terminologie der Romananalyse eingeführt. Die panoramische Sicht findet sich vor allem in Romanen, die große historische Ereignisse gestalten, wie z.B. Tolstojs *Krieg und Frieden*, oder aber dort, wo der Autor ironische Distanz zum Erzählten halten will. Dies ist bei dem Engländer William M. Thackeray der Fall, der es liebte, immer wieder vom Erzählten zurückzutreten und ironisch darüber zu räsonieren. Sein großer Rivale Dickens hingegen setzte seinen ganzen Ehrgeiz daran, das Romangeschehen in möglichst wirkungsvolle dramatische Einzelszenen aufzulösen, so daß er, bei gleicher auktorialer Erzählweise, durchweg einen szenischen Blickwinkel bewahrt, von gelegentlichen moralisierenden Erzählerkommentaren einmal abgesehen. Auktoriale Erzähler bewegen sich natürlicherweise zwischen diesen beiden Möglichkeiten. Der Panoramablick gibt ihnen die Möglichkeit, große Ereignisse wie Schlachten, Revolutionen und rauschende Feste im Ganzen zu erfassen, während die szenische Auflösung einzelnen Handlungssegmenten besondere Unmittelbarkeit verleiht.

In Romanen mit personaler Erzählsituation wird man den Panoramablick nicht antreffen, es sei denn, der Autor schiebt zur Überbrückung einzelner Erzählphasen geraffte Überleitungen aus auktorialer Sicht ein. Auch die szenische Darstellung wird anders aussehen als z. B. bei Dickens. Während bei diesem die Szene eindeutig vom Blickpunkt eines Beobachters außerhalb des Geschehens aus gesehen wird, ist der Autor einer personalen Erzählung bemüht, die Illusion eines *personalen Blickwinkels* zu wecken, indem er die Szene ganz aus der Sicht einer beteiligten Person wiedergibt. Das ergibt dann einen engen, relativ konstanten Blickwinkel mit nur geringen Veränderungen der »Brennweite«. Bei Flaubert, der als einer der ersten die personale Erzählweise entwikkelte, wird der Blick noch hin und wieder geweitet, um eine größere Region ins Auge zu fassen oder einen Handlungsabschnitt zu raffen. Spätere Autoren bemühten sich immer stärker, den natürlichen Blickwinkel einer Person durchzuhalten. Wenn es sich um Geschehnisse im gesellschaftlichen Raum handelt, wird der Blick nach außen gerichtet sein, und der Leser sitzt dann im Bewußtsein der Person wie in einem Eisenbahnabteil und beobachtet durch das Fenster mit den Augen der Figur die vorbeiziehende gesellschaftliche Landschaft. Gegenstand des personalen Romans kann aber auch das Innenleben einzelner Personen sein. Dann haben wir es mit einem *introspektiven Blickwinkel* zu tun, und wir sehen durch die Augen der Figur in deren Inneres. Auch dabei gibt es unterschiedliche Varianten. Ein eher passiv rezipierendes Bewußtsein, durch das die Wirklichkeitserfahrung als Bewußtseinsstrom hindurchflutet, wird mit einem weiteren Winkel dargestellt werden als die bewußte Selbstanalyse einer Person, die Probleme mit der eigenen Psyche hat und sie durch genaue, vielleicht gar mikroskopische Selbstbeobachtung zu lösen versucht. Die vier hier unterschiedenen Blickwinkel sollten nicht als feste Standardformen verstanden werden, sondern nur als die Anschlagpunkte des variablen Erzählerobjektivs im Bereich von vier klar unterscheidbaren Stufen.

Stilhaltung

Eine Erzählung, die wir lesen, wird von einem Erzähler erzählt, der spürbar oder verborgen in ihr anwesend ist. Zuvor aber wurde sie von einem Autor geschrieben. Dieser hat sie in das Medium seiner Sprache gegossen, die die charakteristischen Merkmale seines Stils trägt. Darüber hinaus aber wird sie durch eine von Fall zu Fall gewählte Stilhaltung geprägt sein, in der sich eine bestimmte Einstellung zum Erzählten ausdrückt. In dem Dreieck zwischen völliger Indifferenz, schärfster Ablehnung und wärmster Anteilnahme ist nahezu jede Zwischenstufe möglich. Dennoch gibt es eine Reihe gleichsam standardisierter Stilhaltungen. Die häufigste ist zweifellos die *neutrale*. Ein Autor, der beim Leser den Eindruck wecken will, als erzähle sich seine Geschichte von selbst, wird nicht nur die Erzählperspektive in den Personen aufgehen lassen, sondern wird außerdem bemüht sein, auch im Stil keinen Erzähler spüren zu lassen. Wenn aber der Autor bewußt eine bestimmte wertende Einstellung zum Erzählten vermitteln will, wird er eine nichtneutrale Stilhaltung wählen. Am häufigsten ist in der Literatur die *ironische* anzutreffen. Sie wird neben der neutralen vom Leser im allgemeinen als die befriedigendste empfunden, da sie ihm keine Wertsetzungen aufzwingt, sondern die Möglichkeit läßt, sich selbst ein Urteil zu bilden. Es liegt im Wesen der Ironie, daß sie ein Urteil in der Schwebe läßt. Der Leser muß also selbst entscheiden, ob der Erzähler/Autor das, was er sagt, wirklich meint oder ob er sich ironisch davon distanziert. Wenn wir in einer Erzählung den Ironiker spüren, dann werden wir diesen im allgemeinen nicht als eine fingierte Erzählerfigur empfinden, sondern wir werden ihn mit dem Autor identifizieren. Dank der Ironie hat in diesem Fall der Autor gar keine Veranlassung, zwischen sich und die Erzählung noch eine Erzählerfigur zu schieben, da die Distanzierung bereits durch die Ironie erreicht wird. Das bedeutet aber, daß eine ironische Stilhaltung sich nur schwer mit einer personalen Erzählsituation verbinden läßt, da der

Leser hinter den Personen immer den Ironiker spürt. Die Engländerin Jane Austen, die zu den Pionieren der Romankunst zählt und mit ihrer subtilen Psychologisierung bereits alle Voraussetzungen für den modernen personalen Roman geschaffen hat, bleibt durch eine überlegen-ironische Stilhaltung, bei sonst völliger Abwesenheit eines auktorialen Erzählers, dennoch in ihren Romanen anwesend. Auch Thomas Mann ist als Ironiker und damit als auktorialer Erzähler in seinen Romanen präsent. Wenn ein Autor das Erzählte nicht nur in ein ironisches Licht tauchen, sondern kritisch bloßstellen will, wird er allerdings schwereres Geschütz auffahren und die Ironie mit Bitterstoff versetzen, woraus dann eine Stilhaltung entsteht, die man *sarkastisch* nennen könnte. Sie reicht von bitterer Ironie bis hin zu blankem Zynismus und ist vor allem in satirischen Werken anzutreffen.

Während Ironie und Sarkasmus jenseits der neutralen Haltung in Richtung zunehmender Distanz liegen, gibt es diesseits des neutralen Punktes Stilhaltungen, die eine positive Anteilnahme des Autors zum Ausdruck bringen. Vor allem deutsche Autoren des 19. Jahrhunderts liebten eine einfühlsam poetisierende Darstellung, die man *empathisch* nennen könnte (Empathie = Einfühlung). Bei noch stärkerer innerer Anteilnahme des Autors wird daraus die *pathetische*. Beide Haltungen sind aus der modernen Literatur verschwunden. Die pathetische ist durch Mißbrauch für ideologische Zwecke diskreditiert, und die empathische ist vom Kitsch so vereinnahmt worden, daß uns selbst bei hochrangigen Autoren ein zweifelhaftes Gefühl überkommt, wenn sie zu poetisieren anfangen. Das macht es modernen Lesern schwer, vor allem die deutsche klassisch-romantische Erzählliteratur angemessen zu würdigen. Diese Literatur ist auf extreme Weise subjektbezogen. Ihr Interesse galt nicht der gesellschaftlichen Selbstbehauptung der Menschen, sondern der Ausbildung des Individuums zur höchsten erreichbaren Entfaltung seiner Möglichkeiten. Deshalb verbindet sich in ihren Romanen ein Höchstmaß an Subjektivität mit der Tendenz zur veredelnden Poetisierung der Innenwelt. Selbst wenn – wie bei Jean Paul –

die poetische Empathie durch Humor und Witz gebrochen wird, bleibt die Distanz des Erzählers zum Erzählten so kurz, daß viele Leser diese Romane als gefühligen Kitsch empfinden, während andere sie gerade zur Befriedigung eines Kitschbedürfnisses lesen. In beiden Fällen wird die künstlerische Substanz verkannt. Die englische Literatur kennt dieses Problem kaum. Dort war der Roman aus der urbanen Kultur einer schon voll entwickelten bürgerlichen Gesellschaft heraus entstanden, und er bediente sich von Anfang an der weltläufigen Sprache, die im Salon unter kultivierten Menschen gepflegt wurde. Zu ihr gehört wesentlich ein distanzierendes Element, durch das die Nähe der vielen Menschen überhaupt erst erträglich wird. Deshalb hat England sowohl in seinen gesellschaftlichen Umgangsformen als auch in seiner Literatursprache die Ironie besonders gepflegt. Autoren wie Henry Fielding und Jane Austen sind für den modernen Leser eben wegen der weltläufigen Ironie und der dadurch bedingten kritischen Distanz noch unmittelbar genießbar, ohne daß bei der Lektüre das besagte zweifelhafte Gefühl aufkommt, dessen sich ein dafür empfindlicher Leser selbst bei so großen klassisch-romantischen Romandichtern wie Jean Paul oft schwer erwehren kann.

Figur

Damit aus der sprachlich-mimetischen Darstellung erfundener oder fingierter Wirklichkeit eine epische werden kann, muß das Erzählte auf ein Subjekt bezogen sein. Nur so kann, wie wir im zweiten Kapitel (»Der Erzählvorgang«) darlegten, eine fiktionale Welt entstehen, auf die der Leser sich einlassen wird. Ein Satz wie der folgende ist für sich genommen noch nicht episch:

> Ostrau ist eine kleine Kreisstadt unweit der Oder, bis nach Polen hinein berühmt durch ihr Gymnasium und süße Pfefferkuchen, welche dort noch mit einer Fülle von unverfälschtem Honig gebacken werden.

Ginge es in gleichem Erzählstil weiter, so hätten wir es mit einem expositorischen (= nichtfiktionalen) Text zu tun, vielleicht einem etwas behäbig geschriebenen Reiseführer oder einem feuilletonistischen Artikel aus einem Merian-Heft. Selbst wenn die Beschreibung der Örtlichkeiten mit Anekdoten gewürzt oder mit eingelegten Kurzbiographien prominenter Bürger der genannten Stadt angefüllt würde, könnte der Leser in keine fiktionale Welt eintreten, da ihm alles, was geschildert wird, als Verweis auf reale Wirklichkeit entgegentritt. Der expositorische Charakter des Textes verwandelt sich jedoch schlagartig in einen fiktionalen durch den nächstfolgenden Satz:

> In diesem altväterischen Orte lebte vor einer Reihe von Jahren der königliche Kalkulator Wohlfahrt, der für seinen König schwärmte, seine Mitmenschen – mit Ausnahme von zwei Ostrauer Spitzbuben und einem groben Strumpfwirker – herzlich liebte und in seiner sauren Amtstätigkeit viele Veranlassung zu heimlicher Freude und zu demütigem Stolze fand.

Spätestens nach diesem Satz – es ist der Anfang von Gustav Freytags Roman *Soll und Haben* – weiß der Leser, daß er nicht die historiographische Darstellung eines realen Geschehens, sondern die Erzählung einer fiktionalen Geschichte zu erwarten hat. Ein Historiker hätte mit einem solchen Anfang bereits jede Glaubwürdigkeit verscherzt; denn woher hätte er z. B. wissen können, daß besagter königlicher Kalkulator allein die beiden Spitzbuben und den Strumpfwirker von seiner Liebe ausschloß? Nur der Erzähler einer Fiktion hat ein so vollständiges Wissen über die von ihm selbst erfundenen Personen, daß er eine solche Behauptung aussprechen darf.
Eine fiktionale Wirklichkeit konstituiert sich in dem Augenblick, in dem in den Erzählfluß ein Subjekt eintritt, das der Leser als solches wahrnimmt. Dazu ist noch nicht erforderlich, daß das Innere dieses Subjekts für den Leser bereits zugänglich ist. Es genügt, daß diejenigen sprachlichen

Signale fehlen, die ein Historiker von Anfang an einstreuen muß, um für seine Aussagen über eine historische Person beim Leser Glauben zu finden, z. B. Eingeständnisse seines Nichtwissens, Berufung auf Quellen, hypothetische Aussagen und Vermutungen. Natürlich steht es einem Erzähler frei, den Erzählstil eines Historiographen zu fingieren, wie es umgekehrt dem Leser freisteht, die Biographie einer historischen Persönlichkeit als Roman zu lesen. Letzteres setzt voraus, daß der Leser die objektive Realität des Gegenstands ignoriert und die Person nur als Subjekt wahrnimmt, während im ersten Fall die fingierte Person zwar als Objekt wahrgenommen wird, dahinter aber das Erzählersubjekt spürbar wird, das die Authentizität des scheinbar historischen Sachverhalts fingiert. In aller Regel wird schon die vorherige Kenntnis der historischen Person ausreichen, um das vollständige Eingehen auf deren fiktionale Subjektivität zu unterbinden, während im anderen Fall das Fehlen eines historischen Vorbilds ausreicht, um einen Vergleich mit der historischen Realität und damit eine Auflösung der Fiktion zu verhindern.

Das Subjekt einer Erzählung bezeichnen wir gewöhnlich als Charakter. Allerdings ist mit diesem Terminus meist die Vorstellung von einer gewissen Differenziertheit und Komplexität verbunden. Es gibt aber zahlreiche Romanfiguren, die jeglicher Komplexität entbehren und dennoch mit großer Lebendigkeit in der Erzählung präsent sind. Im Deutschen pflegt man sie als *Typen* zu bezeichnen und als solche von den voll entwickelten *Charakteren* abzugrenzen. In England ist es üblich, mit E. M. Forster von *flat* und *round characters*, also von flachen und runden Charakteren, zu sprechen. Dabei werden die beiden Adjektive oft auch wertend verwendet, wobei »Rundheit« als höherwertig gilt. In der Tat gehört mehr erzählerisches Genie dazu, einen lebensechten, komplexen Charakter zu schaffen. Grundsätzlich aber haben flache *und* runde Charaktere ihre Funktion innerhalb der Erzählung und sind Ergebnis der darauf abgestimmten Technik der Charakterzeichnung.

In Epik und Drama unterscheidet man traditionell zwischen der *direkten* und der *indirekten* Charakterisierung. Die *direkte Charakterisierung* ist eine, die entweder vom Autor selber oder von einer dritten Person ausgesprochen wird. Während im Drama eine solche Charakterisierung unmittelbar aus dem Munde einer Person auf der Bühne kommt, weiß der Leser eines Romans, daß das, was eine Figur über eine andere sagt, zugleich von einem Erzähler stammt. Damit ist eine solche Charakterisierung auf doppelte Weise gebrochen, sie hängt nicht nur von der Glaubwürdigkeit der sprechenden Person ab, sondern zuerst und vor allem von der Sprechhaltung des Erzählers. Ist diese Haltung eine durchgängig ironische, wird auch das, was einer Figur in den Mund gelegt wird, nicht für bare Münze genommen werden dürfen. Ist der Erzähler hingegen bemüht, sich selbst als abwesend erscheinen zu lassen, so wird man auf die Aussagen der Figuren in weit stärkerem Maße angewiesen sein.

Flache Charaktere / Typen

Flache Charaktere lassen sich der Tendenz nach in zwei Klassen einteilen: in *Exzentriker*, die durch einen Zug von unverwechselbarer Einmaligkeit charakterisiert werden, und *Typen*, die eine einzige allgemeinmenschliche Eigenschaft in extremer Ausprägung verkörpern. Man könnte letztere auch »*Zentriker*« nennen, da sie das Zentrum eines Typus repräsentieren. Während die Zentriker durch ihre zentrale moralische Eigenschaft charakterisiert werden, prägen sich die Exzentriker dem Leser am nachhaltigsten durch ein bizarres äußeres Erscheinungsbild ein. Am beliebtesten ist dabei die Technik der Groteske, die das Äußere der Figur wie in einem Zerrspiegel überdehnt, wobei die Absicht entweder eine komische oder eine satirische sein kann. Der Schotte Smollett hat diese Technik populär gemacht und hat damit auch auf dem Kontinent Nachahmer gefunden. Charles Dickens wird in dieser Hinsicht oft als sein Nachfolger angesehen.

Doch Dickens' Exzentriker sind nicht solche, in denen die Konturen bizarr überdehnt werden. Im Gegenteil, er zeichnet sie so, daß jedes Detail des beschreibenden Steckbriefs auf einen gemeinsamen Grundton gestimmt ist, so daß dieser durch die Wiederholung von Mal zu Mal intensiver hervortritt, bis er zum Wesen der Figur zu werden scheint. Dieses Verfahren der konzentrischen Verdichtung einer Grundqualität gibt seinen Exzentrikern paradoxerweise etwas »Zentrisches« und prägt sie mit jener unvergeßlichen Intensität ins Gedächtnis des Lesers ein, die schon früh zum Markenzeichen seiner Kunst wurde. Das Charakteristische seiner Manier ist, daß er mit dem äußeren Umriß der Figur beginnt und diesen dann mit immer kleiner werdenden Details ausfüllt, wobei er darauf bedacht ist, nur solche Details auszuwählen, die den Grundton des äußeren Umrisses intensivieren. Das hat E. M. Forster bewogen, Dickens' Figuren eine eigentümliche Tiefe zuzubilligen, obwohl er sie vom Charakterisierungsverfahren her nahezu ausnahmslos zu flat characters erklärt.

Runde Charaktere

Von einem seriösen realistischen Roman erwarten wir, daß er Menschen darstellt, mit denen wir uns identifizieren können. Dazu gehört, daß sie weder schwarz noch weiß gezeichnet sind und daß sich im Verlauf des Geschehens etwas an ihnen verändert. Die Größe eines Autors zeigt sich zuallererst in seiner Charakterdarstellung. Eine spannende Handlung erfinden kann auch ein zweitrangiger Erzähler. Komplexe Menschen zu zeichnen erfordert hingegen nicht nur handwerkliches Geschick, sondern einen tiefen Einblick in die menschliche Natur. Auch bei der Darstellung der runden Charaktere beginnen viele Autoren zunächst einmal mit einem äußeren Steckbrief. Dies Verfahren behindert aber meist die Entwicklung komplexer Charakterbilder und eignet sich nur für solche Erzählungen, in denen die Charaktere sich vorwiegend in der Handlung entfalten. Solche dem Typ noch nahestehenden runden Charaktere finden wir z. B. in den historischen Romanen von Walter Scott. Auch er pflegt seine Figuren mit einem Steckbrief vorzustellen, der aber meist noch während der Beschreibung aus sich verkürzender Distanz korrigiert wird, so daß der Leser den Eindruck einer wirklichkeitsgetreuen Beobachtung hat. Deshalb findet man in Scotts Steckbriefen nach der ersten vorschnellen Beschreibung oft eine zweite, genauere, die mit Sätzen wie »Als er näher kam ...« oder »Bei näherem Zusehen ...« eingeleitet wird. Diejenigen realistischen Romane aber, deren Hauptinteresse nicht auf dem Geschehen, sondern auf dem Verhalten der Charaktere liegt, pflegen auf solche Steckbriefe zu verzichten, um dem Leser Gelegenheit zu geben, sich ein der inneren Komplexität entsprechendes äußeres Bild des Charakters selbst zu schaffen. Zwar werden im Verlauf der Erzählung meist Hinweise auf das Äußere der Charaktere gegeben, doch bleibt dem Leser genug Raum, die einzelnen Details selber in der Phantasie zusammenzusetzen. Deshalb ist bei solchen Figuren die *indirekte Charakterisierung* durch ihr Verhalten das wichtigste Darstellungsmittel. Ein beliebter Kunstgriff, einer Figur eine besonders klare Kontur zu geben, ist darüber hinaus die Kontrastierung mit einer anderen Figur. Allerdings hat die Gegenüberstellung zweier gegensätzlicher Charaktere die Tendenz, diese so zu polarisieren, daß sie nun aller psychologischen Differenzierung zum Trotz eine eigentümliche Typik annehmen. Zwar werden sie weder als Zentriker noch als Exzentriker erscheinen, doch wird der Leser dazu neigen, in ihnen exemplarische Ausformungen archetypischer Grundcharaktere zu sehen. Auf die Gestaltung von Archetypen werden wir im nächsten Unterkapitel noch eingehen.

Als ein Qualitätsmerkmal gilt allgemein, daß ein Charakter sich im Laufe des Romans *entwickelt*, wobei in der Zeit des Realismus erwartet wurde, daß die Entwicklung sich stetig und psychologisch glaubwürdig vollzieht. Das setzt aber ein Geschehen voraus, das lange genug dauert, um eine stetige

Entwicklung überhaupt zu ermöglichen. Autoren wie Dikkens, die schnelle und verwickelte Plots mit stark sensationellen Elementen liebten, konnten schon deshalb dieser Anforderung nicht genügen und wurden darum von der Kritik getadelt. Bei Dickens spielen sich Veränderungen der Charaktere in aller Regel in der Form von dramatischen Krisenerlebnissen ab, an deren Ende die betreffende Figur entweder bekehrt als neuer Mensch ersteht oder zugrunde geht. Bekehrungsartige Charakterumbrüche mögen dem epischen Charakter des Romans widersprechen, aber da sie in der Wirklichkeit durchaus auftreten, muß es einem Erzähler auch freigestellt sein, sie als Problem zu thematisieren, vorausgesetzt, der Roman führt mit innerer Notwendigkeit auf sie hin und wird nicht bloß um des spannenden Effektes willen darauf zugespitzt. Bei Dickens ließe sich zeigen, daß die bekehrungshaften Regenerationserlebnisse seiner Helden und Heldinnen durchaus ein notwendiger Bestandteil der thematischen Struktur seiner Romane sind. Allerdings bedingt ein solches Verfahren den Verzicht auf größere Komplexität des Charakterbildes. Diese wird ersetzt durch die Intensität des zur Krise drängenden Charakterproblems.
In der Blütezeit des bürgerlichen Realismus ging die Literaturkritik von einem Menschenbild aus, das an die Entelechie im Menschen, an die in jedem einzelnen keimhaft angelegte unverwechselbare Einmaligkeit glaubte. Deshalb wurden diejenigen Autoren am höchsten geschätzt, die solche einmaligen Charaktere schufen und sie mit so blutvollem Leben erfüllten, daß sie wie wirkliche Menschen in der geistigen Welt existierten. Im zwanzigsten Jahrhundert begannen die Autoren mehr und mehr daran zu zweifeln, daß das Individuum beschreibbar ist, falls es überhaupt als solches existiert. Musils *Mann ohne Eigenschaften* spricht diesen Zweifel bereits im Titel aus. Max Frisch hat sich in *Stiller*, *Homo faber* und *Mein Name sei Gantenbein* immer wieder mit seinem obsessiven Thema herumgeschlagen, was denn überhaupt unter all den Rollen, die ein Mensch im Laufe seines

Lebens wählt, seinen wahren Charakter ausmacht. Seit auch die Soziologie die Rolle als die soziale Erscheinungsform des Menschen definiert, scheint hinter dieser Maske nur noch ein amorpher, plastischer Stoff zu existieren, der in jede denkbare Form gebracht werden kann. Dieses veränderte Menschenbild erklärt, weshalb Charakterzeichnung in der modernen Erzählkunst kaum noch als künstlerisches Problem empfunden wird. Es ist zweifelhaft, ob ein Individuum im klassischen Sinn überhaupt noch darstellbar ist. Pasternaks *Doktor Schiwago* war vielleicht der letzte Versuch in dieser Richtung. Doch die Kritik tut sich schwer damit, ihn als modernen Roman gelten zu lassen. Trotz seiner fragmentierten Erzählweise steht er in seiner Grundhaltung eher in der Tradition des neunzehnten Jahrhunderts als in der des zwanzigsten. Der große Erfolg seiner Verfilmung scheint dies zu bestätigen. Hier genoß das Publikum noch einmal das immer seltener werdende Vergnügen, sich mit literarischen Gestalten vollständig zu identifizieren.

Archetypische Charakterstrukturen

In jedem aufgeführten Theaterstück werden die einzelnen Charaktere so von der unverwechselbaren Individualität des Schauspielers überlagert, daß sie über ein gewisses Maß an Allgemeingültigkeit und Idealität nicht hinausgelangen können. Die am schwersten zu spielende Figur in Goethes *Faust II* dürfte deshalb die Helena sein, die als Verkörperung des Klassischen und damit als ein ganz und gar entindividualisiertes Ideal erscheinen soll. Dies wird keiner Schauspielerin überzeugend gelingen. Dem Erzähler bleibt dieses Problem erspart. Er kann seinen Figuren eine solche Idealität verleihen, daß sie nicht mehr als individualisierte Menschen, sondern als archetypische Ausprägungen des Menschlichen schlechthin erscheinen. In den frühesten Erzählungen, den Epen des Altertums, war diese Archetypisierung schon dadurch gegeben, daß die Götter des Mythos, in denen die

Menschen sich die archetypischen Entwürfe ihrer eigenen Möglichkeiten geschaffen hatten, in die Menschenwelt eingriffen und auch die Menschen darin oft als Halbgötter auftraten. Viele der mythischen Grundmuster setzten sich in der erzählenden Literatur späterer Epochen fort und sind teilweise noch heute anzutreffen.

Besonders häufig findet sich die Reduktion auf Archetypen bei Frauengestalten. Das ist nicht weiter verwunderlich. Da Literatur jahrhundertelang nahezu ausschließlich von Männern geschrieben wurde, war es nur natürlich, daß sie die Männergestalten, die sie introspektiv nachvollziehen konnten, stärker differenzierten, während sie Frauen von außen sahen und infolgedessen stärker typisierten. Die wohl häufigste dieser Typisierungen ist die Kontrastierung einer unschuldig naiven mit einer verführerisch dämonischen Frau. Schon in der *Odyssee* begegnet der Held sowohl der liebreizenden Königstochter Nausikaa als auch der verführerischen Zauberin Circe, die die Männer buchstäblich in Schweine verwandelt. Im *Nibelungenlied* ist im ersten Teil Brunhild die dämonische und Kriemhild die naive Frau, während im zweiten Teil Kriemhild die Rolle der dämonischen übernimmt. Mit dem Aufkommen der realistischen Erzählkunst begannen die seriöseren Autoren das typisierende Klischee aufzubrechen. So kontrastiert Walter Scott in *Ivanhoe* die blonde, blauäugige Rowena zwar mit der dunkelhaarigen Jüdin Rebecca, die alle Attribute der dämonischen Verführerin hat, die bei Scott aber noch edelmütiger als der blonde Unschuldsengel ist. In der romantischen Literatur hielten sich die beiden Archetypen noch lange, ebenso in der Oper. Elisabeth und Venus in Wagners *Tannhäuser* sind klassische Beispiele dafür. Vor allem in der Trivialliteratur kehren die beiden Frauentypen ständig wieder: die eine als sanftes, blond-blauäugiges Mädchen, die andere als dunkle Exotin oder als Rothaarige mit grünen Augen. Psychologisch ist diese Aufspaltung des Frauenbildes leicht zu verstehen. Die Beziehung zwischen Mann und Frau beruht auf sexueller Attraktion. Die Frage ist nur, wer wen zu sich her-

überzieht. Das Objekt der Wunschlust des Mannes ist die gefügige Frau, die sich ihm unterwirft, das Objekt seiner Angstlust die dämonische, der er verfällt. So wundert es denn nicht, daß diese beiden Archetypen die gesamte Weltliteratur durchziehen und daß die großen Dichter sich auf ihre Weise mit ihnen auseinandersetzten, indem sie sie umdeuteten. Gretchen und Helena in Goethes *Faust* sind Beispiele dafür, wie aus Stereotypen Symbole universaler Prinzipien werden können. Ähnliche Beispiele ließen sich bei vielen anderen Autoren aufzeigen. Katja und Gruschenka in Dostojewskijs *Die Brüder Karamasow*, Amelia und Becky Sharp in Thackerays *Jahrmarkt der Eitelkeit* und Anna und Judith in Kellers *Der grüne Heinrich* zeigen, auf welch unterschiedliche Weise die archetypische Opposition ausgeformt werden kann. Homers *Odyssee* stellte aber noch einen dritten Frauentyp modellhaft dar, der zwischen den beiden anderen steht: Penelope, die treue, ehrbare Ehefrau. Auch dieser Archetypus kehrt in der Literatur ständig wieder und wird oft mit den beiden anderen Typen kontrastiert.
Die männlichen Charaktere sind gegenüber den weiblichen in der Literatur meist stärker ausdifferenziert. Aber auch hier gibt es die klassischen Archetypen des jugendlichen Helden, des Verführers und des gutmütigen, linkischen Mannes. Letzterer ist eine weitverbreitete Figur, die in *Jahrmarkt der Eitelkeit* in Gestalt Captain Dobbins ebenso wiederkehrt wie in der Figur des Pierre Besuchow in Tolstojs *Krieg und Frieden*. Und fast immer wird die Figur mit einem verführerischen Mann kontrastiert. Der Typus des dämonischen Mannes kam vor allem mit der Entstehung des Schauerromans auf und wurde durch Byron um einen besonderen Zug bereichert, den der englische Dichter nicht nur den von ihm geschaffenen Figuren mitgab, sondern selber vorlebte. Seitdem hat sich dafür der Begriff des byronischen Helden eingebürgert. Man versteht darunter einen männlichen Charakter, der ein Kainsmal auf der Stirn trägt und von düsterem Weltschmerz geplagt wird, der aber dennoch soviel männliche Attraktivität besitzt, daß von ihm, zumal auf Frauen,

eine starke Faszination ausgeht. Byrons Helden hatten in Europa eine starke literarische Wirkung. Wir finden ihren Einfluß in den Erzählungen Puschkins und Lermontows ebenso wie bei Balzac und Stendhal. Der italienische Anglist und Kulturhistoriker Mario Praz hat in seinem Buch *Liebe, Tod und Teufel. Die schwarze Romantik* (zuerst 1930) gezeigt, wie die erste Hälfte des neunzehnten Jahrhunderts von diesem Typ des dämonischen Mannes beherrscht wurde, während in der zweiten Hälfte die dämonische Frau, die Femme fatale, dominierte. Der byronische Held entwickelte sich jetzt zum immer schwächer werdenden Dandy. Dies könnte ein bloßer Geschmackswandel gewesen sein, doch wahrscheinlicher ist, daß sich darin eine gesellschaftliche Schwächung der Position des Mannes abzuzeichnen begann.

Der byronische Held und der gutmütige tapsige Bär stehen sich in der Literatur des neunzehnten und zwanzigsten Jahrhunderts ähnlich stereotyp (oder archetypisch) gegenüber wie die naive und die dämonische Frau. Daneben gab es aber seit dem achtzehnten Jahrhundert noch einen dritten Archetypus, den des edlen Wilden. Typologisch lassen sich seine Wurzeln bis zu den Schäferfiguren der antiken Pastoraldichtung zurückverfolgen. Auch Parzival gehört zu seiner Ahnenreihe. Doch erst, als gegen Ende des siebzehnten Jahrhunderts das moderne Mißbehagen an der Kultur zu keimen begann, kam die Figur des edlen Wilden im strengeren Sinn in der Literatur auf. Durch Rousseau erhielt sie eine philosophische Fundierung, und danach gehörte sie zum Typenarsenal der Literatur, vor allem auch der trivialen, wofür Winnetou das wohl berühmteste Beispiel ist.

Neben den bisher genannten Typen gibt es noch solche, die aus ältesten Schichten der mythologischen Tradition in die Literatur hineinragen. Ethnologen haben in den Mythen nordamerikanischer Indianer und bei afrikanischen Stämmen die vielgestaltige Figur des Tricksters untersucht. Sie taucht auch in der germanischen Mythologie in Gestalt des Loki auf und dürfte in der kollektiven Phantasie der Menschen die Keimzelle aller literarischen Schelmenfiguren sein. Ein anderer Archetypus ist der des Drachentöters, der in zahlreichen Variationen, z. B. in der Gestalt Captain Ahabs in Melvilles *Moby Dick*, in der Literatur wiederkehrt. Umgekehrt haben sich manche literarische Figuren ihrerseits zu Archetypen entwickelt und leben nun als quasi-mythische Wesen in der Kulturtradition fort. Dazu gehören Parzival, Faust, Don Juan, Don Quichotte, Robinson Crusoe, Schlemihl und selbst der brave Soldat Schweyk.

In unserem Jahrhundert war es, zumal in Amerika, in der Literaturwissenschaft sehr beliebt, nach mythischen Grundmustern in literarischen Werken zu suchen. Es hat oft etwas Augenöffnendes, in einem Werk das Urgestein kollektiver Menschheitsphantasien zu entdecken. Man darf dabei aber nie vergessen, daß für die Interpretation nicht der archetypische Urgrund zählt, sondern die entscheidende Umformung, die der Autor vorgenommen hat. Sie gilt es in ihrer historischen Entfernung vom Archetypus aufzuzeigen.

Handlung (Plot)

Eine spannende Handlung dürfte für die meisten Leser das sein, was sie zuerst und vor allem von einem Roman erwarten. Daran ändert auch die Tatsache nichts, daß es Romane gibt, in denen kaum etwas zu geschehen scheint. Würde aber in einem Prosatext jede Art von Geschehen völlig zum Stillstand kommen, dann würde man wohl kaum von einer Erzählung, sondern höchstens von einer Beschreibung sprechen. Zum Erzählfluß gehört offenbar ganz wesentlich, daß mit mindestens einer Person, dem Subjekt der Erzählung, etwas geschieht. Dieses Geschehen wird gewöhnlich als Handlung bezeichnet. Aber schon Goethe hat im *Wilhelm Meister* darauf hingewiesen, daß, anders als im Drama, die Helden von Romanen selten aktiv handeln, sondern eher passiv auf Ereignisse reagieren. Helden wie Melvilles Kapitän Ahab in *Moby Dick*, der selbst die Handlung vorantreibt, sind im Roman in der Tat die Ausnahme. Der Normalfall ist eher ein Held, mit dem etwas geschieht beziehungsweise der etwas mit sich geschehen läßt. Das mag etwas mit dem bürgerlichen Status zu tun haben, durch den sich die Helden der frühen Romane von denen des traditionellen Dramas von Anfang an unterschieden. Für das Verständnis des Bauelements Handlung ist zunächst nur wichtig, daß man darunter nicht ein psychologisch motiviertes aktives Handeln versteht. Deshalb empfiehlt es sich, das Wort durch den englischen Begriff *plot* zu ersetzen, der sich auch in der deutschen Terminologie eingebürgert hat.

Plot ist das gesamte Gefüge von Zustandsveränderungen innerhalb eines Romans, das sich nicht nur aus dem Handeln und dem Erleiden einzelner Personen zusammensetzt, sondern auch aus zufällig eintretenden Ereignissen, die auf die Personen keinerlei Wirkung ausüben. Das Entscheidende ist, daß alle diese Veränderungen durch den Autor planvoll miteinander verknüpft werden. Um die Funktion eines Plots zu verstehen, muß man also den Plan aufdecken, den der Autor seiner Erzählung zugrunde gelegt hat. Sieht man einmal von der unendlichen Vielfalt möglicher Variationen im Detail ab und achtet nur auf die sich dahinter verbergenden Grundmuster, so wird man leicht feststellen, daß es nur eine sehr kleine Anzahl solcher Muster gibt. Das häufigste ist das der *linear-progressiven* Handlung. Ein Romanheld bewegt sich, handelnd oder leidend, auf dem Zeitstrahl voran, und der Roman erzählt die Abfolge der Ereignisse, die mit ihm geschehen. Fast alle Abenteuerromane sind nach diesem Muster gebaut. Will der Erzähler das einfache Modell einer einsträngigen Handlung etwas komplexer gestalten, so kann er einen zweiten Handlungsstrang parallel laufen lassen, der ebenfalls nach dem linear-progressiven Muster gebaut ist. Es gibt aber noch eine andere Möglichkeit, den zweiten Strang in den ersten einzuarbeiten. Statt ihn parallel laufen zu lassen, kann der Autor ihn im Rahmen der ersten Handlung durch eine Figur als etwas schon Geschehenes erzählen lassen. Hier haben wir den Ansatz zu einem zweiten Grundmuster, dem der *linear-regressiven* Handlung. Wenn innerhalb der ersten Handlung nur eine zweite, in sich abgeschlossene Geschichte erzählt wird, die auf die Haupthandlung keine Auswirkungen hat, so wird man von einer bloßen Einlage sprechen. Werden viele solcher Einlagen so aneinandergefügt, daß die Haupthandlung nur als der eher nebensächliche Rahmen erscheint, entsteht die bekannte Form der Rahmenerzählung, die schon den Märchen aus *Tausendundeiner Nacht* zugrunde liegt und für die Boccaccio im *Decamerone* ein vielkopiertes Modell geschaffen hat. In all diesen Fällen wird nach dem Rückgriff in die Vergangenheit innerhalb einer voranschreitenden Erzählung jeweils von neuem eine linear-progressive Handlung entwickelt. Anders verhält es sich dagegen, wenn in der voranschreitenden Handlung eine andere, schon abgeschlossene schrittweise in die Vergangenheit zurückverfolgt und aufgedeckt wird. Dies ist das analytische Verfahren, das uns aus dem Kriminalroman vertraut ist. Während im klassischen Detektivroman das linear-regressive Verfahren im Vordergrund steht, da es dort um die Aufklärung eines Falles geht, werden in den Schauerromanen des 18. und frühen 19. Jahrhunderts, die zu den Vorläufern des Krimis zählen, die beiden Grundmodelle miteinander verknüpft. Der progressive Handlungsstrang sorgt dort für den angstvollen Schauer angesichts des ungewissen drohenden Unheils, während der regressive Handlungsstrang durch schrittweise Aufklärung die abschließende Entspannung vorbereitet und dem Leser die ersehnte entlastende Befriedigung verschafft.

Das aus dem Drama bekannte Handlungsmuster, das sich aus *Exposition*, *aufsteigender Handlung*, *Wendepunkt*, *fallender Handlung* und abschließender *Katastrophe* (in der Tragödie) bzw. *Dénouement* (in der Komödie) zusammensetzt, gilt im Prinzip auch für die Romanhandlung, doch zeichnet es sich nur in ausgesprochen handlungsbetonten Romanen mit klaren Konturen ab. Dramatisch aufgebaute Romane sind eher die Ausnahme als die Regel. Der weitaus häufigste Fall sind Romanhandlungen, die in einen viel breiteren und langsamer dahinfließenden Erzählstrom eingebettet sind, als dies für einen dramatischen Aufbau zuträglich wäre. Dennoch wird es auch in ihnen so etwas wie eine Exposition, eine Handlungsphase zunehmender Verwicklung und eine abschließende Auflösung des geschürzten Knotens geben. Nur können die einzelnen Phasen sich über so weite Erzählstrecken hinziehen, daß sie kaum noch nachzuzeichnen sind. Ungeachtet aller Vielgestaltigkeit lassen sich aber doch einige ständig wiederkehrende Grundmuster unterscheiden, die wir nacheinander kurz betrachten wollen.

Episodische Handlungsstruktur

Henry Fielding, neben Richardson der zweite Ahnherr des bürgerlichen Romans, der in ganz Europa kopiert wurde, hatte für seine Romane das Handlungsschema des spanischen Schelmenromans übernommen, des sogenannten *pikarischen* oder *pikaresken* Romans. Die Urform dieses Romantyps war der 1554 anonym veröffentlichte *Lazarillo de Tormes*, eine nur ca. 70 Seiten lange Erzählung, die die Bezeichnung Roman noch gar nicht verdient. Ihr folgten der *Guzmán de Alfarache* (1599) von Alemán, Espinels *Marcos de Obregón* (1618) und Quevedos *Buscón* (1626). In Deutschland setzte Grimmelshausen mit dem *Simplicissimus* (1668), in Frankreich Lesage mit dem *Gil Blas* (1715) die Tradition fort. Schon bei den beiden letztgenannten stammte nur noch das Handlungsschema aus dem Schelmenroman, während der Held schon nicht mehr dem Typus des amoralischen Picaro (= Schelm) entsprach. Fielding gab auch das barocke Motiv des vom Rad der Fortuna emporgehobenen und immer wieder niedergeworfenen Helden auf, das den spanischen Schelmenromanen und noch der Weltdeutung des *Simplicissimus* zugrunde lag, und übernahm allein die episodische Handlungsstruktur, die es ihm gestattete, einen ganz im Sinne der englischen Aufklärung als »tabula rasa«

ins Leben getretenen Helden, nämlich das Findelkind Tom Jones, durch alle Schichten der englischen Gesellschaft hindurchzuführen, damit sich die leere Schrifttafel seines Bewußtseins mit der lebensnotwendigen Erfahrung füllen konnte. Schon hier haben wir ein Beispiel dafür, wie ein Handlungsmuster, das in seiner Trivialform nur der Aneinanderreihung von Abenteuern dient, zum Vehikel einer Aussage über den Menschen als Gattungswesen gemacht werden kann. Ähnliches gilt auch für die noch folgenden Handlungsmuster.

Das erzähltechnische Hauptproblem der episodischen Struktur ist der Schluß. Prinzipiell könnte eine solche Abfolge von Episoden bis zum Tode des Helden weitergehen, was für den Leser höchst unbefriedigend wäre; denn ein nach vielen Episoden endlich eintretender Tod durch Altersschwäche wäre keine ästhetisch befriedigende Auflösung der Erzählspannung. Deshalb pflegen solche Romane ihren Helden am Ende in einen friedlichen Hafen einlaufen zu lassen. Für die barocke Leserschaft des *Simplicissimus* kam als Lösung noch der Rückzug des Helden in die Einsiedelei in Frage. Fieldings Leser aber erwarteten für den Helden die endgültige Aufnahme in die bürgerliche Gesellschaft. Diese wurde bei ihm und seinen zahlreichen Nachahmern meist dadurch besiegelt, daß der Held seine wahre Identität erfährt, worauf er in den Besitz einer ihm rechtmäßig zustehenden Erbschaft gelangt und endlich die geliebte Frau ehelichen darf.

Das Grundschema des pikarischen Romans hat sich bis heute in der erzählenden Literatur erhalten und wurde in den sechziger Jahren unseres Jahrhunderts wieder mit besonderer Vorliebe gewählt. Günter Grass und viele seiner Zeitgenossen haben sich der Form bedient, um – wie einstmals Fielding und die noch älteren barocken Autoren – mit ihr das bunte Panorama einer anders kaum zu bewältigenden Wirklichkeit einzufangen.

Dramatische Handlungsstruktur

Schon bald nach dem Aufkommen des bürgerlich-realistischen Romans entstand in England eine romantische Gegenbewegung in Gestalt des Schauerromans: der sogenannten *Gothic novel*. In seinen Anfängen war dieser Romantyp noch der Aufklärung verpflichtet, später traten mehr und mehr die Züge eines romantischen Dämonismus hervor. Im ersten Fall ging es darum, die heimtückischen Machenschaften eines Verbrechers in letzter Minute aufzudecken, bevor der Held, vorzugsweise eine Heldin, ihnen zum Opfer fiele. Im zweiten Fall wird die moralische Tragödie eines Helden vorgeführt, der schuldlos-schuldig satanischen Mächten verfällt. In beiden Fällen zeigt der Handlungsaufbau eine deutliche Nähe zu der in jener Zeit in England ebenfalls sehr beliebten Form des melodramatischen Schauerstücks, das die gleichen Effekte anstrebte. Wie dieses beginnt der Schauerroman mit einer Exposition, in die ein erregendes Moment die erste Spannung sät. Dann steigt die Handlung zur Erwartung einer immer unvermeidlicher erscheinenden Katastrophe an, während gleichzeitig vereinzelte Hoffnungssignale den Leser auf einen positiven Ausgang gespannt machen, bis schließlich durch eine überraschende Wendung die Rettung des Helden bzw. der Heldin ermöglicht wird. Wie im Schauerroman das Schema des Melodramas wiederkehrt, so in den Gesellschaftsromanen Jane Austens das Schema der englischen *comedy of manners*. Auch ihnen liegt eine dramatische Handlungsstruktur zugrunde, bei der in einer Exposition in einem eng eingegrenzten gesellschaftlichen Raum zunächst die handelnden Gestalten vorgestellt werden und aus ihren Liebesverwicklungen ein Handlungsknoten geschürzt wird, der zuerst einen unglücklichen Ausgang befürchten läßt, dann aber durch eine überraschende Wendung die beteiligten Personen doch noch zur Einsicht bringt und damit ein glückliches Ende herbeiführt.

Aufsteigender Handlungsverlauf: Das Entwicklungsschema

Obwohl Jane Austen sich der handlungsbetonten Struktur der Gesellschaftskomödie bedient, gelingt es ihr dennoch, höchst subtile psychologische Entwicklungen ihrer Charaktere darzustellen. Darin erweist sie sich als überragende Künstlerin. Die meisten der übrigen Romanautoren, denen es um die Darstellung psychologischer Entwicklungen geht, verzichten auf das einschnürende Korsett einer dramatischen Handlungsstruktur und wählen statt dessen den langsamen Fluß einer erzählten inneren Biographie, die es gestattet, psychologische Nuancen sehr detailliert auszubreiten. Geht es dabei um Charakterentwicklung im weitesten Sinne wie z. B. in Dickens' *David Copperfield*, so spricht man von *Entwicklungsroman*. Steht hingegen die Ausbildung eines Geistes oder eines künstlerischen Talents im Mittelpunkt wie z. B. in Goethes *Wilhelm Meister*, so empfiehlt sich eher die Bezeichnung *Bildungs-* oder *Erziehungsroman*. Da in diesem Romantyp die entscheidende Handlung aus den sukzessiven Veränderungen im Innern des Helden oder der Heldin besteht, kann die äußere Handlung sowohl episodische als auch dramatische Elemente aufweisen, doch werden diese immer nur Anstöße und Auslöser für das sein, worauf es wesentlich ankommt, nämlich die Entwicklung der Persönlichkeit des Helden. In England und Deutschland haben sich dabei zwei unterschiedliche Konzepte ausgebildet. Bei Fielding und seinen Zeitgenossen treten die Helden, ganz im Sinne der Lockeschen Erkenntnistheorie, als »tabula rasa«, als unbeschriebene Tafeln in die Welt und nehmen im Verlauf ihres Entwicklungsprozesses Erfahrung in sich auf, wodurch sie zu lebenstüchtigen Gesellschaftswesen heranreifen. Goethe hingegen sah im Menschen eine keimhaft angelegte Entelechie, eine »geprägte Form, die lebend sich entwickelt«. Deshalb geht es bei ihm und seinen Nachfolgern um Selbstverwirklichung des Individuums, nicht um Entwicklung zu gesellschaftlicher Lebenstüchtigkeit.

Das Problem aller Bildungsromane ist, daß die äußere Handlung für die Ausbildung der geistigen und künstlerischen Persönlichkeit meist nur als Stimulus dient und wenig Bedeutung als eigene Wertsphäre hat. Goethe löste das Problem, indem er die Handlung in hohem Maße symbolisch auflud. Autoren, die realistisch bleiben wollten, mußten entweder wie Stifter im *Nachsommer* das Risiko extremer Handlungsarmut eingehen oder wie Keller im *Grünen Heinrich* auf einen einheitlichen Handlungsverlauf verzichten und dessen Ausufern in eine Vielzahl disparater Bereiche in Kauf nehmen. Der Bildungsroman ist bis heute eine spezifisch deutsche Form geblieben, von Wielands *Agathon* bis hin zu Hesses *Glasperlenspiel.* Die Handlungsarmut dieser Form setzt eine Leserschaft voraus, die von Literatur in erster Linie nicht Unterhaltung, sondern Bildungserlebnisse erwartet. In Deutschland gab es ein, wenn auch zahlenmäßig kleines Bildungsbürgertum, das der Literatur diese Erwartung entgegenbrachte, während englische Leser, auch die der gebildeten Oberschicht, im Roman nicht normative Weltdeutung, sondern realistische Welterfahrung und geistvolle Unterhaltung suchten.

Absteigender Handlungsverlauf: Das Desillusionierungsschema

Während sich die deutsche Romanliteratur im 19. Jahrhundert hartnäckig um die Darstellung positiver Bildungsprozesse bemühte, breitete sich in der übrigen europäischen Literatur mehr und mehr der Typus des Desillusionierungsromans aus. Einer der ersten war Constants kurzer Roman *Adolphe*. Ihm folgte mit Stendhals *Rot und Schwarz*, Balzacs *Verlorenen Illusionen*, Lermontows *Ein Held unserer Zeit* und Flauberts *Madame Bovary* ein immer breiter anschwellender Strom von Prosawerken, in denen Helden mit hohen Erwartungen die Bühne betreten und in eine immer trister werdende Desillusionierung versinken. In der zweiten

Hälfte des neunzehnten Jahrhunderts ist dies nahezu der Standardverlauf der Handlung eines anspruchsvollen Romans. Das, was im technischen Sinne als steigende Handlung bezeichnet werden müßte, stellt sich in diesen Romanen als ein unaufhaltsames Sinken dar. Das Ende ist dabei auf eine unerbittliche Weise festgelegt. Wo es nicht wie in *Madame Bovary* zum Selbstmord führt, ist es doch zumindest ein Versinken in totaler Resignation, Apathie oder kaltem Zynismus. Ein solcher Desillusionierungsprozeß erfordert zu seiner Darstellung einen grundsätzlich anderen Handlungsaufbau. Wo im dramatischen Roman Jane Austens oder im Bildungsroman Goethes die Handlung durch bewußte Willensentscheidungen der Helden vorangetrieben wird, werden die Helden der Desillusionierungsromane durch ihre Unfähigkeit zu solchen Willensentscheidungen langsam und unaufhaltsam in die Tiefe gezogen. Der Begriff »Handlung« ist hier endgültig fehl am Platze. Es geschieht nur noch etwas mit ihnen, gegen das sie nicht mehr die Kraft haben, sich zu wehren. Der Plot verlagert sich damit ganz aus dem Bereich psychologischer Motivation in die Sphäre ungreifbarer, vom Zufall beherrschter Zwänge der Außenwelt. Einige Autoren, Thomas Hardy z. B., haben der Gesamtheit dieser objektiven Zwänge Schicksalscharakter zugeschrieben, ja, sie geradezu als das Wirken eines heimtückischen Fatums dargestellt. Auch in *Madame Bovary* wird Charles Bovary unmittelbar vor seinem Ende der folgende Kommentar zum Tod seiner Frau in den Mund gelegt:

> Er fügte ein großes Wort hinzu, das einzige, das er je im Leben gesprochen: »Das Schicksal ist schuld!«

Da dieser Satz aus dem Munde eines gutmütigen und ehrlichen, aber auch durch und durch dummen Menschen kommt, weiß der Leser, daß sich darin zum letzten Mal die bürgerliche Illusion ausdrückt, hinter der Banalität des Lebens müsse sich etwas verbergen, was diesem eine höhere Weihe gibt. Es ist die Illusion, an der Emma Bovary bis zuletzt festgehalten hatte und an der sie schließlich zugrunde ging.

Horizontaler Erzählfluß

Die bisher genannten Grundformen des Plot wird man in der anspruchsvolleren modernen Epik kaum noch antreffen. Das dramatische Bauprinzip findet sich fast nur noch in der spannenden Unterhaltungsliteratur, die Form des Entwicklungs- oder Bildungsromans ist nahezu ganz verschwunden. Und auch das Desillusionierungsschema scheint keinen Roman mehr tragen zu können, da es offenbar keine Illusion mehr gibt, auf die der skeptische Leser von heute in der Fiktion eingehen würde. Nur das episodische Schema des pikaresken Romans findet als Vehikel für satirische Zeitkritik noch breite Verwendung. Doch sind die einzelnen Episoden darin kaum noch auf Höhepunkte hin angelegt, sondern dienen eher einer kabinenhaften Vergegenwärtigung von Wirklichkeitsausschnitten. Das wohl allgemeinste Merkmal, das die meisten modernen Romane miteinander teilen, ist ein horizontaler Erzählfluß, der weder auf einen erwarteten oder befürchteten Höhepunkt hin gespannt ist noch von einer illusionären Ausgangshöhe zu einem Punkt totaler Desillusionierung hin absinkt. Statt dessen versuchen diese Romane, die Wirklichkeit als einen gleichmäßig und unerbittlich dahinfließenden Strom einzufangen. Am konsequentesten hat dies James Joyce in seinem *Ulysses* ausgeführt, wo er das Wirklichkeitskontinuum eines einzigen Tages in einer einzigen Stadt, nämlich des 16. Juni 1904 in Dublin, durch das Bewußtsein dreier Personen fließen läßt. Auf noch radikalere Weise verfährt er in seinem letzten Werk, *Finnegans Wake*, in dem er ein ähnliches Kontinuum noch bruchloser und gleichmäßiger durch das Bewußtsein eines träumenden Schläfers fließen läßt. Virginia Woolf hat diese *stream-of-consciousness*-Technik ins Realistische gewendet und in ihren Romanen den Bewußtseinsstrom einzelner Personen über einen kurzen Zeitraum hinweg in größtmöglicher psychologischer Differenziertheit eingefangen.

Alfred Döblin, ebenfalls von Joyce beeinflußt, läßt in *Berlin*

Alexanderplatz das Leben einer ganzen Stadt vor den Augen des Lesers im Präsens abrollen, wobei zwar der Held Franz Biberkopf im Mittelpunkt steht, sein Bewußtsein aber nur Teil des erfaßten Lebens der ganzen Stadt ist. Auch hier fließt die Handlung trotz ihrer Höhepunkte und Katastrophen horizontal dahin, was erzähltechnisch in dem mit wenigen Ausnahmen konsequent durchgehaltenen Präsens zum Ausdruck kommt. Auf ähnliche Weise hatte schon Dos Passos in *Manhattan Transfer* das pulsierende Leben New Yorks durch eine Montagetechnik eingefangen, die nicht nur Realitätspartikel zu einer großen Collage zusammenfügte, sondern jedes Kapitel noch mit einer Art Nachrichtenzusammenschnitt einleitete, eine Technik, die er in späteren Werken ausbaute und dort als »Kamera-Auge« bezeichnete. Man könnte zahlreiche weitere Werke nennen, so z. B. Musils *Mann ohne Eigenschaften*, Brochs Trilogie *Die Schlafwandler* oder die Romane des französischen Nouveau roman. Sie alle haben miteinander die Grundstruktur des horizontalen Erzählflusses gemein. Johnsons *Jahrestage*, eines der bedeutendsten Prosawerke der letzten zwei Jahrzehnte, ist ein noch jüngeres Beispiel.

Schauplatz / Setting

Wenn in einem fiktionalen Text erzählt wird, was mit einer Person geschieht, so versteht sich von selbst, daß das Geschehen in einem raumzeitlichen Kontext stattfindet. Im Deutschen pflegen wir diesen Kontext als Schauplatz zu bezeichnen, worunter man sich allerdings gewöhnlich nur den Raum einer Handlung vorstellt und nicht den Hintergrund zu einem handlungslosen Zustand. Es wäre deshalb von Vorteil, sich des englischen Begriffs *setting* zu bedienen, der alle Erscheinungsformen des Raums umfaßt, in den ein Romangeschehen eingebettet ist. Die Vielfalt der Darstellungsformen von Setting läßt sich in vier verschiedene Grundfunktionen einteilen, die wir nacheinander betrachten wollen.

Ambiente

Das Wort Ambiente hat sich erst in jüngster Zeit im Deutschen eingebürgert. Es bezeichnet die soziale Umwelt nicht in ihrer Funktion als kausal-determinierendes Milieu, sondern als materieller Ausdruck des gesellschaftlichen Lebensstils einer Person. Es ist klar, daß ein Romanautor bestrebt sein wird, seine Figuren mit einem solchen Ambiente zu versehen, um für den Leser unmittelbar augenfällig zu machen, daß es sich um einen Kleinbürger, einen Provinzler, um einen Angehörigen der urbanen Mittelschicht u. ä. handelt. In solchen Fällen ist der Raum – in erster Linie der Wohnraum, das Haus, der Garten und die Wohngegend – nur eine Fortsetzung der äußeren Erscheinung, in der ja auch durch Kleidung, Haartracht und ähnliche Zeichen der gesellschaftliche Status zum Ausdruck kommt. Da der Charakter eines Menschen zu einem nicht unbeträchtlichen Teil durch diesen Status geprägt wird, ist sein äußeres Erscheinungsbild von der Kleidung über die Wohnung bis hin zu den selbstgewählten Kreisen des gesellschaftlichen Umgangs gleichsam eine Emanation seines Charakters. Vor allem in historischen und Gesellschaftsromanen, in denen die Charaktere gewöhnlich weniger individuell differenziert sind, spielt die Festlegung der Figur durch solche Emanationen eine große Rolle. Dabei genügt es meist, diejenigen Attribute des Ambientes, die zur statusmäßigen Zuordnung der Figur erforderlich sind, in lockerer Folge einzustreuen. Eine minutiöse Beschreibung würde vom Leser wohl eher als störend empfunden, zumal er die charakteristischen Insignien der einzelnen Gesellschaftsschichten meist so gut kennt, daß ihm ein vom Autor skizzierter Umriß genügt, um sich den Rest des Bildes selbst ausmalen zu können.

Soziales Milieu

Wenn die Umgebung nicht Emanation oder Widerspiegelung des sozial geprägten Charakters der Figur ist, sondern im Gegenteil als eine ihn prägende Macht dargestellt wird, spricht man von Milieu. Der Naturalismus maß diesem Faktor gesellschaftlicher Determinierung besondere Bedeutung bei und hat infolgedessen Setting überwiegend in dieser Funktion eingesetzt. Da es sich dabei in der Regel um ein Unterschichtsmilieu handelt, das seine Angehörigen wie ein Sumpf festhält und am sozialen Aufstieg hindert, muß es mit entsprechend starker Intensität dargestellt werden. Deshalb nehmen die Beschreibungen des niederdrückenden Milieus bei Zola und anderen Autoren des Naturalismus weit größeren Raum ein als das Setting in den historischen Romanen Walter Scotts.

Atmosphärische Untermalung

Autoren, die nicht wie z. B. Tolstoj eine zugleich umfassende und kritisch reflektierende Anteilnahme des Lesers anstreben, sondern in diesem ein Höchstmaß an unmittelbarer Spannung hervorrufen wollen, pflegen der bildhaften Vorstellung des Geschehens mit möglichst starken Effekten nachzuhelfen. So ist z.B. ein weitverbreitetes Mittel der Intensivierung von Gemütszuständen deren Untermalung durch entsprechende Witterungsverhältnisse. Glück wird von Sonnenschein, Unglück von Regen begleitet, und unheilvolle Ereignisse spielen sich vor einer Kulisse von Blitz und Donner ab. Angefangen hatte diese Verwendung der atmosphärischen Kulisse im Schauerroman des achtzehnten Jahrhunderts. Während die psychologischen Briefromane Richardsons, die auktorialen Gesellschaftsromane Fieldings und die dramatisch konzipierten Romane Jane Austens mit einem Minimum an Setting auskommen, verwendet Ann Radcliffe in *Die Geheimnisse von Udolpho*, dem Modell für viele spätere Gothic novels, in exzessivem Maße Beschreibungen atmosphärisch gestimmter Landschaften, um durch sie die Bewußtseinszustände der Heldin auszudrücken. Lange vor Erfindung des Films wird hier der Fluß des erzählten Geschehens von einem Hintergrund begleitet, der wie ein Film stimmungsvoller Landschaftsaufnahmen mitläuft und ständig innere Zustände nach außen projiziert. Der epische Erzählfluß wird dabei so sehr unterbrochen, daß die Autorin dies selbst als Fehler erkannte und in ihren späteren Werken die Landschaftsbeschreibungen sichtlich zurücknahm. Dennoch bleibt sie die Erfinderin und eine der Meisterinnen der großen, erhabenen Landschaftshintergründe im literarischen Cinemascope-Format. Viele spätere Autoren von Schauer- und Sensationsromanen haben diese Technik von ihr übernommen. Die künstlerisch hochrangigen Autoren hingegen verhielten sich gegenüber der Beschreibung innerhalb des Erzählflusses eher ablehnend, mit Ausnahmen, zu denen vor allem Charles Dickens und Thomas Hardy gehören. Beide aber haben das atmosphärische Setting nicht nur als Untermalung der Handlung und als Projektion von Gemütszuständen verwendet, sondern in symbolischer Funktion, die wir als nächstes betrachten wollen.

Symbolische Kulisse

Auf dem Felde der Beschreibung ist Dickens einer der sprachmächtigsten Erzähler der Weltliteratur. Wer als Kind *Oliver Twist* gelesen hat, wird sich noch Jahrzehnte danach an die intensive Szenerie erinnern, die die Handlung begleitet. Die Diebeshöhle des Juden Fagin, das heruntergekommene Lagerhaus, in dem der Mörder Sikes Zuflucht sucht und sich zu Tode stürzt, die regenfeuchte Landschaft, die den Raubzug begleitet, an dem Oliver teilnehmen muß: dies und vieles mehr prägt sich dem Leser – vor allem dem kindlichen – unauslöschlich ein. Doch bei Dickens ist dieses Setting nicht bloß die Untermalung einer schaurigen Handlung. In der im

Hintergrund mitlaufenden Bildfolie wird die Thematik des Romans in symbolische Bildbegriffe übersetzt und so entfaltet, daß ohne jede theoretische Erörterung in der Bildschicht eine thematische Diskussion stattfindet. Das Gesamtwerk von Dickens durchzieht eine solche Bildersprache, in der einige »Begriffe« ständig wiederkehren. Auf der einen Seite sind es Bilder, die in Gestalt von düsteren, verfallenen Häusern eine gefängnishafte Enge und Erstarrung ausdrücken; auf der anderen Seite Bilder von Gewässern und regenfeuchten Sumpflandschaften, die ein Gefühl von Selbstverlust an eine grenzenlose Offenheit vermitteln. Diese beiden miteinander kontrastierten Bildbereiche sind symbolischer Ausdruck einer Thematik, die in Dickens' Romanen ständig wiederkehrt. Es ist die Frage, wie der Mensch das rechte Maß zwischen Selbstbewahrung und Offenheit finden kann. In jedem seiner Werke stellt Dickens seine positiven Helden, die dieses Maß schließlich finden, zwischen zwei gegensätzliche Extremtypen, von denen der eine durch eine gefängnishafte Erstarrung seines Charakters, der andere durch ebenso extreme innere Haltlosigkeit sich selbst entfremdet ist. In dem Kapitel über die »Sechs Arten, einen Roman anzufangen« werden wir mit der Ouvertüre zu *Bleakhaus* ein Beispiel dieser Technik vorführen; und in unserer Interpretation von *Große Erwartungen* im zweiten Teil des Buches werden wir sie als strukturbildendes Element eines ganzen Romans aufzeigen.

Symbolische Funktion des Setting findet sich in reichem Maße vor allem auch in den Romanen und Erzählungen der deutschen Klassik und Romantik. Goethes *Wilhelm Meister* und *Die Wahlverwandtschaften*, Novalis' *Heinrich von Ofterdingen* und Eichendorffs *Ahnung und Gegenwart* enthalten in großer Fülle Bildfolien, die im Hintergrund auf symbolische Weise die allgemeinen Probleme darstellen, die in psychologisch individualisierter Form, doch ohne realistische Ausdifferenzierung, in der Handlung entfaltet werden. Diese Darstellungstechnik hat sich bis in die Moderne erhalten. Thomas Mann, D. H. Lawrence, Faulkner und viele

andere haben ihre realistischen Romane auf ähnliche Weise symbolisch vertieft. Dabei zeigen sich zuweilen verblüffende Parallelen. So hat sowohl Thomas Manns *Zauberberg* als auch D. H. Lawrences Roman *Liebende Frauen* ein zentrales »Schneekapitel«, wenngleich die Probleme darin ganz verschieden thematisiert werden.
Seit dem Aufkommen der Tiefenpsychologie und der Psychoanalyse hat die Literaturkritik bei zahlreichen Autoren aus deren Bildinventar weitreichende Schlußfolgerungen gezogen. Für C. G. Jung waren die Bildvorstellungen der Dichter ebenso wie die des Traums Ausformungen von Archetypen des kollektiven Unbewußten, während Freud darin symbolische Verschleierungen verdrängter Sexualität sah. Auch wenn viele solcher Deutungen methodisch fragwürdig und letzten Endes unbeweisbar sind, wurde durch sie zumindest hinreichend nachgewiesen, daß in fast jedem bedeutenden Roman hinter der Handlung ein Film von bedeutungsvollen, z. T. geradezu obsessiven Bildern mitläuft, der oft mehr zum künstlerischen Reichtum des Werkes beiträgt als das im Vordergrund ablaufende psychologisch-realistische Geschehen.

Leitmotive

Wenn bei einem Erzähler ein wesentlicher Teil der künstlerischen Aussage in die Bildschicht verlagert ist, dann ist zu erwarten, daß wiederkehrende Themen auch von wiederkehrenden Bildern begleitet werden. Daraus kann sich dann eine Leitmotiv-Technik ergeben, wie Richard Wagner sie in seinen Opern entwickelt hat. Allerdings dürfte es kaum zu befriedigenden Resultaten führen, wenn ein Autor das Wagnersche Verfahren konsequent in die Erzählkunst übersetzte. In der Musik, deren Dimension ausschließlich die Zeit ist, ist Wiederholung ein unerläßliches Bauprinzip, um das Ganze des Werks für den Zuhörer faßbar zu machen. Die Erzählung fließt zwar ebenfalls auf dem Zeitstrahl dahin, doch baut sie in der Phantasie des Lesers gleichzeitig einen Erinnerungsraum auf. Jede allzu penetrante Wiederholung wird deshalb als unnötig und mechanisch empfunden und hat, wie jede auffällige Mechanisierung, leicht etwas Komisches. Deshalb werden vor allem komische Figuren gern durch stereotyp wiederkehrende Idiosynkrasien charakterisiert. Doch ist die Leitmotiv-Technik auch von ernsthafteren Autoren verwendet worden, insbesondere von dem Wagner-Verehrer Thomas Mann. Man wird sie vor allem dort finden, wo bereits eine grundsätzliche Tendenz zur symbolischen Verwendung des Setting besteht. So wundert es nicht, daß Dickens auch hierfür zahlreiche Beispiele liefert. In vielen seiner Werke gibt es Bilder, die so beharrlich wiederkehren und jeweils an so exponierter Stelle plaziert sind, daß kaum einem Leser das Absichtsvolle darin entgehen wird. Wenn solche Motive dreimal auftauchen, wirken sie auf den aufmerksamen Leser wie ein Schicksalssignal, was von Dickens durchaus beabsichtigt ist; denn es sind fast immer schicksalhafte Verkettungen, die auf solche Weise angekündigt werden. Manchmal freilich tut er dabei des Guten zuviel, wenn er z. B. in der *Geschichte zweier Städte* wiederholt eine rachsüchtige Frau mit ihrem Strickzeug auftreten läßt, die unentwegt die Namen ihrer Opfer in ein geheimnisvolles Gewebe strickt. Hier ist die Absicht, das Bild einer Norne zu beschwören, allzu offensichtlich, so daß man darin eher eine eindeutige Schicksalsallegorie als ein komplexes Symbol sehen wird. In *Große Erwartungen* hingegen greift der geheimnisvolle Unbekannte, an den der Held ahnungslos gekettet ist, dreimal unerkannt in dessen Leben ein, bevor er sich ihm endlich zeigt. In diesem Fall ist die Leitfunktion des Motivs ganz wörtlich zu nehmen; denn es leitet den Leser auf den Mittelpunkt des Romans hin, nämlich auf das Erscheinen jenes geheimnisvollen Unbekannten.

Ein Leitmotiv kann ein konkretes Bild, aber ebensogut auch ein Handlungselement, eine Geste, ein Geräusch, eine Melodie oder irgendein anderes wiedererkennbares Signal im Erzählfluß sein. Besonders wirkungsvoll sind solche Motive, wenn sie vom Leser nicht als ein Signal von seiten des Erzählers empfunden werden, sondern psychologisch in das Erleben einer Romanfigur eingearbeitet sind, so z. B. in Faulkners Roman *Schall und Wahn*, wo wiederkehrende Gerüche die Bewußtseinsprozesse einer Person stimulieren. Bei Proust hat der Geschmack eines bestimmten Gebäcks oder das Hören eines bestimmten Musikstücks eine ähnliche Auslöserfunktion. In Novellen wird ein solches Motiv oft so in den Mittelpunkt gerückt, daß es sich in ein deutlich symbolisches Zentralmotiv verwandelt. Dieses in der Novellentheorie als »Falke« bezeichnete Motiv steht dann meistens bereits im Titel, z. B. im Falle von Storms *Schimmelreiter.* Auch in Romanen können solche Zentralsymbole auftreten. Der weiße Wal in Melvilles *Moby Dick* ist ein Beispiel dafür. Doch ist eine so prononcierte Symbolik eher die Ausnahme, wohingegen die subtile Verwendung von leitmotivisch wiederkehrenden Bildern und Motiven selbst in naturalistischen Romanen weit verbreitet ist.

Erzählrhythmus und Erzählmuster (Ryth-Muster)

Charakter, Handlung und Schauplatz – in unserer etwas elastischeren Terminologie: Figur, Geschehen, Setting – gelten in der Literaturwissenschaft als die substantiellen Elemente des Romans. Zusammengefügt werden sie durch den Erzählvorgang, der mit der Erzählerfigur ein weiteres Bauelement hinzufügt. Auch der Romanpraktiker E. M. Forster geht in seinem Buch *Aspects of the Novel* von diesen stofflichen Elementen des Erzählens aus. Dann aber, nachdem er das Konventionelle und Vertraute abgehandelt hat, kommt er im letzten Hauptkapitel auf etwas zu sprechen, wofür es – wie er selber zugibt – noch keinen eingebürgerten Begriff gibt. Er selbst schlägt das Begriffspaar »pattern« und »rhythm« vor. Im Deutschen sind wir noch schlechter dran, da wir nicht einmal ein Wort besitzen, das sich in diesem Zusammenhang als Übersetzung für »pattern« eignet. Unter Muster verstehen wir entweder eine Warenprobe oder ein Dekor. Im Englischen hat das Wort »pattern« ebenfalls diese beiden Bedeutungen, bezeichnet darüber hinaus aber noch die gesamte Anordnung aller dekorativen Elemente eines komplex geformten Gegenstands. Bevor wir nun einen Begriff vorschlagen, wollen wir erst einmal die Sache selbst betrachten, die es zu bezeichnen gilt.

Eine Erzählung fließt als breiter Strom von Erzähltem dahin. Dieser Strom kann sich stauen oder beschleunigen, er kann sich verengen oder verbreitern. Manchmal kann er in seeartigen Ausbuchtungen fast zum Stillstand kommen, dann wiederum stürzt er wie über Katarakte von einer Sensation in die nächste. Jeder wird aus eigener Leseerfahrung bestätigen, daß ein völlig gleichbleibender Erzählfluß langweilig ist. Ein hektischer Wechsel zwischen Stillstand in der Beschreibung und schneller Aktion dürfte ebenso unbefriedigend sein. Von den großen Erzählern sind wir gewohnt, daß ihr Erzählfluß wie der Atem eines lebendigen Körpers manchmal heftiger wird und sich dann wieder beruhigt. Dieses Pulsieren des Erzählflusses ist das, was wir *Rhythmus* nennen wollen.

Daneben hat aber der Erzählfluß wie jedes Flußsystem noch eine größere Form, die sich durch bestimmte strukturelle Merkmale beschreiben läßt. Ein einzelner Fluß hat Windungen und Schleifen; er kann sich in zwei Flußläufe teilen, die sich zueinander parallel, konvergent oder divergent verhalten können. Die Gesamtanordnung der Ströme in einem solchen Erzählflußsystem wollen wir *Erzählmuster* oder auf englisch *Pattern* nennen. Nun sind aber Pattern und Rhythmus nahezu untrennbar; denn wenn der Erzählfluß eine ästhetisch befriedigende Wirkung haben soll, dann müssen seine fließenden Elemente wie die Stimmen eines Chores in rhythmischem Gleichklang sein. Über dem Fundament eines langsamen Basses kann sehr wohl der Sopran schnelle Koloraturen singen, doch das Ganze muß in eine rhythmische

Einheit eingebunden sein, und sei es in der Form eines synkopierten Gegenrhythmus. Da dies so ist, wird man »pattern« und »rhythm«, wie Forster es tut, als ein zusammengehöriges Paar betrachten müssen, womit eine gewisse Umständlichkeit der Terminologie heraufbeschworen wird. Es wäre deshalb zu überlegen, ob man nicht nach Art der beliebten englischen Portmanteau-words (z.B. *smog* aus *smoke* und *fog*) die beiden Begriffe zu dem Konstrukt *Rhyth-Muster* zusammenziehen sollte. Der Vorschlag ist hiermit gemacht; ob er Nachahmer findet, bleibt abzuwarten.

Der Erzählrhythmus dürfte das am schwersten festzumachende Gestaltungsmittel eines Romans sein. Man kann immer nur einzelne Stellen benennen und diesen dann, mehr behauptend als beweisend, die Qualitäten des rhythmischen An- oder Abschwellens zuschreiben. In vielen Fällen wird man bei der Mehrzahl der Leser Zustimmung finden, doch läßt sich das Rhythmische kaum anders als durch Aufzeigen und Beschreiben darstellen. Man wird es schwerlich auf einen generalisierenden Begriff bringen können. Ganz anders verhält es sich mit dem Pattern des Erzählflusses. Hier handelt es sich um Strukturen, die sich auf überschaubare Grundmuster reduzieren lassen. Strukturen sind etwas Abstraktes, das nur sichtbar wird, wenn es sich in Konkretem ausdrückt. Das Konkrete des Rhyth-Musters eines Romans können die Personen und deren Handlungen oder ihre stoffliche Umgebung sein. Kein Romanautor – auch nicht der naturalistische, der den Ehrgeiz einer wissenschaftlich exakten Abbildung der Wirklichkeit hat – wird seine Figuren so nach dem Zufallsprinzip auswählen, wie sie in der Realität aufeinandertreffen. Stets muß er bestrebt sein, schon die *Konfiguration* der Charaktere als ein strukturbildendes Mittel einzusetzen. Am stärksten werden von dieser Möglichkeit solche Erzähler Gebrauch machen, die in die Abbildung der Wirklichkeit zugleich deren Deutung einzuzeichnen versuchen. Ein solcher Autor war D. H. Lawrence. Schon in seinem ersten bedeutenden Roman, *Söhne und*

Liebhaber, begnügt er sich nicht mit dem Aufrollen des naturalistisch gezeichneten Bergarbeiter-Milieus. Vielmehr zeichnete er in die realistische Folie eine thematische Struktur ein, indem er den Helden Paul Morel zwischen drei Frauen stellte: seine Mutter, Miriam und Clara. Hier wird das von Freud wiederholt aufgezeigte Dilemma exemplifiziert, daß ein Mann, der durch eine zu starke Bindung an seine Mutter fixiert ist, ein gespaltenes Frauenbild entwickelt. Eine Frau, die er wie seine Mutter liebt und verehrt, kann er wegen des Inzesttabus nicht begehren, und eine Frau, die er begehrt, kann er nicht wirklich lieben. Lawrence bleibt aber nicht bei diesem tatsächlichen, noch ganz realistischen Problem stehen. Er verlagert es aus seinem Helden heraus in die beiden Frauen, von denen die sexuell frigide Miriam das spirituelle, die sinnliche Clara das sexuelle Prinzip verkörpert. Darin zeichnet sich bei Lawrence bereits die Dichotomie von Geist und Blut, Intellekt und Sexus ab, die er dann immer weiter zu einem quasimetaphysischen System ausgebaut hat. In seinem wohl bedeutendsten Roman *Liebende Frauen* hat er daraus eine fast geometrische Struktur geformt. Zwei Paare – die Freunde Gerald und Rupert und die Schwestern Ursula und Gudrun – werden wie zu einem Quadrat zusammengefügt und durch ein Romangeschehen hindurchgeführt, an dessen Ende die eine Beziehung geglückt, die andere gescheitert ist. An die Personen, also die Eckpunkte des Quadrats, werden weitere Personen angefügt, die nach außen das Problem verkörpern, mit dem sich die jeweilige Gestalt im Zentrum auseinandersetzen muß.

Für die Gestaltung der Grundmuster gibt es nur eine sehr begrenzte Anzahl von Möglichkeiten. Das einfachste Muster ist der Kontrast eines Gegensatzpaars. Bei der Betrachtung archetypischer Charakterstrukturen haben wir bereits auf typologische Kontraste hingewiesen. Die stereotype Gegenüberstellung z.B. der blonden, blauäugigen und sittsamen Frau mit der dunkelhaarigen Verführerin ist ein Klischee, das in der Trivialliteratur ständig wiederkehrt. Aber selbst daraus kann ein großer Künstler eine bedeutungsvolle Opposition machen. Dostojewskijs *Idiot* mit dem Gegensatz von Aglaja und Nastassja it nur eines von vielen Beispielen. Stellt man zwischen zwei Extreme eine Mittelposition als positive Norm, so entsteht ein dreigliedriges Grundmuster, für das es ebenfalls zahlreiche Beispiele gibt. Die Opposition muß aber nicht unbedingt durch typische Charaktere vertreten werden. Die Gegensätze von Kunst und Leben sowie von Intellekt und Sexualität, die die Werke Thomas Manns bzw. Lawrences prägen, können auch durch Handlungsstränge oder symbolische Bilder repräsentiert werden. Manche Romane beginnen mit einer Anfangsopposition der Positionen A und B, die im Verlauf der Erzählung einander angenähert werden, bis sie sich kreuzen und ihre Positionen tauschen. E. M. Forster nennt als Beispiel hierfür den Roman *Thais* von Anatole France, in dem ein zur Askese bekehrter junger Mann versucht, die einst von ihm verehrte Kurtisane Thais ebenfalls zu bekehren. Dies gelingt ihm zwar, doch er selbst verfällt ihr in unbezähmbarer sexueller Leidenschaft. Forster weist darauf hin, daß das gleiche Grundmuster, das er als »Stundenglas«-Form bezeichnet, mit ganz anderem Inhalt in Henry James' Roman *Die Gesandten* zu beobachten ist. Neben antithetischen, sei es dualistischen, polaren oder triadischen Formen gibt es auch ein zyklisches Grundmuster. Das grandioseste Beispiel dafür dürfte Joyces *Finnegans Wake* sein. Dieser Roman endet mit seinem Anfangssatz und leitet damit die nochmalige Wiederholung der ganzen Erzählung ein, was zu einer erneuten Wiederholung führen muß und so weiter ad infinitum. Eine andere Grundform, die man als dialektisch bezeichnen könnte, geht von einem Basisgegensatz aus, der durch die wechselseitige Vernichtung der Extrempositionen aufgelöst wird.

Im praktischen Teil dieses Buches werden wir am Beispiel von Goethes *Wahlverwandtschaften* eine Struktur aufzeigen, die nach dem Muster einer chemischen Reaktion gestaltet wurde. Ein ähnliches Prinzip liegt dem Roman *Sturmhöhe* von Emily Brontë zugrunde. Dort entfaltet sich die thematische Struktur aus dem Gegensatz zweier Positionen, von denen die eine durch das auf einer Bergkuppe gelegene Anwesen der Earnshaws mit dem Namen Sturmhöhe, das andere durch das in einem sanften Tal gelegene Haus der Lintons mit dem Namen Thrushcross Grange repräsentiert wird. Die Silbe »earn-« in Earnshaw ist ein Dialektwort und bedeutet »Adler«, während »thrush« im Namen des anderen Hauses »Singdrossel« heißt. So werden durch die Namen ebenso wie durch die geographische Lage der Häuser zwei Sphären repräsentiert: die eine wild, kraftvoll, vital, aber auch destruktiv; die andere kultiviert, empfindsam, aber auch empfindlich und lebensschwach. Zwischen diese beiden »chemischen« Reagenzien wird wie ein von außen hineingebrachter Katalysator das Findelkind Heathcliffe gestellt, der eine heftige Reaktion auslöst. Die Earnshaw-Tochter Catherine geht zunächst eine enge Freundschaftsbeziehung zu dem seelenverwandten Heathcliffe ein und wendet sich dann dem sensiblen und kultivierten Sohn Edgar der Lintonfamilie zu, den sie heiratet. Heathcliffe rächt sich für diese Treulosigkeit, indem er Edgars Schwester heiratet und seelisch zu Tode quält. Erst als alle Beteiligten der ersten Generation tot sind, kommt es zwischen den beiden einzigen überlebenden Kindern zu einem Ausgleich des destruktiven Gegensatzes. Der ganze Roman ist von extremer Künstlichkeit. Das gesamte gesellschaftliche Umfeld wird völlig ausgeblendet, ebenso alles, was die Herkunft Heathcliffes betrifft oder die Quellen seines später erworbenen Reichtums. Das Rhyth-Muster ist einzig auf die Entfaltung und Lösung der thematischen Grundspannung hin angelegt. Dennoch gelingt es der Autorin, diese Künstlichkeit durch einen Kunstgriff zu verbergen. Mit der Einführung zweier Erzählerfiguren erhält die wildromantische Handlung die Authentizität eines durch Augenzeugen vermittelten Tatsachenberichts, d.h., das leidenschaftliche Geschehen erhält die Struktur eines realistischen Erzählflusses.

Spannung

Die meisten Leser erwarten von einem Roman zuallererst, daß er spannend ist, während Kritiker und Literaturwissenschaftler nicht müde werden zu beteuern, daß Spannung um ihrer selbst willen ein Merkmal der Trivialliteratur sei. Die Wahrheit liegt, wie so oft, in der Mitte. Alle Künste, deren Wirkungsdimension die Zeit ist – dazu gehören die Musik, das Drama und die Epik –, können eine affektive Wirkung auf den Rezipienten nur dadurch erzielen, daß sie in ihm eine Spannung aufbauen und wieder lösen. Bereits Aristoteles hatte dies Prinzip erkannt und seine Tragödientheorie darauf aufgebaut. Auch ein Roman bliebe nur das statische Abbild einer fingierten Wirklichkeit, wenn es ihm nicht gelänge, im Leser durch Aufbau und Lösung einer Spannung ästhetische Lust hervorzurufen. Wenn also Spannung der unverzichtbare Lebensnerv eines Romans ist, gilt es, ihren Wirkungsmechanismus genauer zu betrachten. Was ist Spannung? Selbst in der Elektrotechnik ist es einfacher, die Frage mit einer Beschreibung als mit einer Erklärung zu beantworten. Von Spannung wird man da sprechen, wo ein Zustand A einen Druck spüren läßt, der auf einen Zustand B hindrängt. Daraus ergeben sich zwei sehr unterschiedliche Grundmuster. Folgt der Zustand B auf den Zustand A, so haben wir es mit einer Spannung längs zur Zeitachse zu tun. Bestehen die beiden Zustände aber gleichzeitig, so entfaltet sich die Spannung zwischen ihnen gewissermaßen quer zur Zeit. Da ein terminologischer Begriff möglichst frei von störenden Assoziationen sein soll, pflegt man sich in der Wissenschaft eines Fremdworts zu bedienen, das dann zumeist schwer verständlich ist, aber den Vorzug hat, eindeutig zu sein. Zum Zwecke einer klaren Begrifflichkeit wollen wir deshalb die Spannung längs zur Zeit als *Longitudinalspannung* und diejenige quer zur Zeit als *Transversalspannung* bezeichnen. Das Prinzip der Longitudinalspannung liegt allen Abenteuer- und Detektivromanen zugrunde. Sie beginnen mit einer Anfangssituation, die den Leser auf später eintretende

Ereignisse gespannt macht. Dabei lassen sich bereits sehr verschiedene Grundmuster unterscheiden. So beginnt z.B. der Detektivroman mit einem negativen Potential, nämlich einem Informationsdefizit, das aufgefüllt werden muß. Der Abenteuerroman hingegen beginnt gewöhnlich auf der Nullebene, wenn ein Held in die Welt hinauszieht, um Abenteuer zu suchen. Das Warten auf diese läßt im Leser zunächst eine unbestimmte Spannung entstehen, die sich beim Eintreten des ersten Abenteuers schlagartig steigert und nach dessen Bestehen wieder löst. Es gibt aber auch Abenteuerromane, die mit einem positiven Spannungspotential beginnen, das durch bestimmte Leistungen des Helden gelöst werden muß. Im Film ist dieses Muster besonders beliebt. Jeder kennt den Typus des Sensationsfilms, in dem von Anfang an die Stoppuhr läuft und zu einem vorgegebenen Zeitpunkt eine Katastrophe eintreten wird, wenn es dem Helden nicht gelingt, vor Ablauf der Frist die Lunte zu löschen.

Alle drei genannten Grundformen von Longitudinalspannung haben den Beigeschmack des Trivialen, da sie von den Verfassern populärer Unterhaltungsliteratur als jederzeit verfügbares und darum billiges Reizmittel verwendet werden. Und doch sind sie in der anspruchsvolleren Literatur ebensooft anzutreffen. Die vom Nullpunkt ausgehende Spannung des klassischen Abenteuerromans wurde im 18. Jahrhundert von Autoren wie Fielding benutzt, um einen psychologisch-gesellschaftlichen Prozeß des Sammelns von Erfahrungen zu gestalten. Das Grundmuster des Detektivromans wurde von Dickens in den Romanen seiner zweiten Schaffenshälfte übernommen und zum dichterischen Ausdruck krisenhaft sich zuspitzender Emanzipationsprozesse gemacht. Und das dritte Schema, das Abarbeiten einer hohen Anfangsspannung, wurde von Joseph Conrad in vielen seiner Werke in den psychologischen Ablauf der Bewältigung einer moralischen Grenzsituation umgeformt. Die Beispiele zeigen, daß ein Roman, der sich einer der drei Formen von Longitudinalspannung bedient, um den Leser zu fesseln, durchaus ein bedeutendes Kunstwerk sein kann. Bedenklich wird es erst dann, wenn der Spannungsablauf auf einer bloßen Stimulation von Erwartungslust mit der anschließenden Freisetzung von Befriedigungslust beruht, ohne daß dem Leser damit eine tiefere Erfahrung vermittelt wird als eben dieses physiologische Lusterlebnis.

Weniger anfällig für Trivialisierung ist das Prinzip der Transversalspannung. Sie entsteht aus der Opposition zweier gleichzeitig bestehender Positionen, die in einem antagonistischen oder polaren Verhältnis zueinander stehen. Wenn bei Shakespeare Othello mit Jago, bei Goethe Tasso mit Antonio und bei Schiller Elisabeth mit Maria Stuart kontrastiert werden, dann besteht von Anfang an eine Spannung quer zur Zeit, die erst später longitudinal entfaltet wird. Die genannten Beispiele deuten bereits an, daß es sich hier um eine Bauform handelt, die vor allem im Drama anzutreffen ist. Aber auch in den großen Romanen der Weltliteratur erweist sich eine thematische, d.h. transversal bestehende Grundspannung in aller Regel als ergiebiger als die handlungsorientierte Longitudinalspannung. Die gedankliche Tiefe z.B. der Werke Thomas Manns liegt wesentlich darin, daß durch gegensätzliche Charaktere die Oppositionen Kunst–Leben, Künstler–Bürger, Geist–Macht usw. repräsentiert werden. Der Amerikaner Faulkner hat einen ganzen Gesellschaftskosmos erfunden, der aus den Vertretern des kultivierten, aber dekadenten und vom Fluch der Sklaverei belasteten Südens einerseits und den Repräsentanten des vitalen, aber kulturlosen Nordens andererseits besteht. Dieser Konflikt ist die latente Ausgangssituation fast aller seiner Romane. Ähnliche Ausgangssituationen lassen sich im Werk vieler Autoren beobachten. Selbst ein so handlungsorientierter Roman wie Walter Scotts *Ivanhoe* entfaltet seine Thematik aus der Transversalspannung des Gegensatzes zwischen Angelsachsen und Normannen.

Vor allem solche Romane, in denen der Autor mehr oder weniger explizit einen Konflikt thematisiert, sind auf das Entfalten von Transversalspannung angewiesen. Dies gilt für

Gesellschaftskonflikte ebenso wie für psychologische. Ein Roman wie Stendhals *Rot und Schwarz* zeigt bereits im Titel die Grundspannung an, nämlich die zwischen Fortschritt und Reaktion, zwischen republikanischer und klerikaler Gesinnung, die durch die beiden Farben symbolisiert werden. In Flauberts *Madame Bovary* wird, bevor die Heldin im dritten Kapitel zum ersten Mal auftritt, die Kontrastfolie für ihre romantische Illusion bereits auf der ersten Seite aufgerollt, wo ihr zukünftiger Mann, Charles Bovary, als neuer Schüler das Klassenzimmer betritt und in der ganzen Geschmacklosigkeit seiner Kleidung beschrieben wird, die in der monströsen Häßlichkeit seiner Mütze gipfelt. Damit ist auch hier von Anfang an eine Spannung zwischen Wunschwelt und Wirklichkeit angelegt, die durch die weitere Handlung nur entfaltet zu werden braucht.

Ein Roman, der Transversalspannung hat, kann getrost auf jede Longitudinalspannung verzichten, ohne deshalb Gefahr zu laufen, langweilig zu werden. Dies ist der Grund, weshalb einige extrem langsame und handlungsarme Romane wie Gontscharows *Oblomow* oder Fontanes *Stechlin* dennoch für den Leser sehr spannend sein können, sofern dieser nur bereit ist, die thematische Grundspannung wahrzunehmen. Letzteres erfordert freilich mehr Sensibilität als das neugierige Gespanntsein darauf, was als nächstes passieren wird. Transversalspannung entsteht in aller Regel aus dem Gegensatz zweier widerstreitender Wertsysteme. Deshalb muß der Leser bereit und fähig sein, beiden Systemen ein gewisses Recht zuzubilligen und jedes für sich kritisch zu relativieren. Bei großen Dichtern drückt sich in der Transversalspannung ihrer Werke meist ein Fundamentalprinzip ihrer Weltsicht aus. Deshalb ist es für die Interpretation besonders wichtig, die Spannungspole zu erkennen und ihre thematische Bedeutung freizulegen.

Darstellung der Innenwelt

Ein Hauptproblem des Erzählens liegt in der Schwierigkeit, den Leser in das Innere einer Romanfigur hineinschauen zu lassen. Natürlich kann ein Erzähler jederzeit über die Gedanken und Gefühle der von ihm erfundenen Figur berichten. Aber solche Erzählerkommentare werden vom Leser meist als manipulierende Eingriffe von außen empfunden, die das Eingehen auf die Illusion der fingierten Wirklichkeit behindern. Wenn es sich dabei um komplexe seelische Vorgänge handelt, die vom Erzähler ausführlich beschrieben und analysiert werden, wird man als Leser den Eindruck haben, daß man keinen Roman liest, sondern die Fallstudie eines Psychologen. Da aber gerade das Interesse an der menschlichen Innenwelt wesentlich zum Entstehen des bürgerlichen Romans beigetragen hat, sahen sich schon die ersten Autoren vor das Problem gestellt, Einblick ins Innere der Figuren zu ermöglichen, ohne die Unmittelbarkeit der Identifikation mit der fingierten Wirklichkeit zu stören. Im folgenden wollen wir nacheinander die Techniken betrachten, die von den Autoren zur Lösung dieses Problems entwickelt wurden.

Ich-Erzählung

Als einfachste Lösung bot sich die Ich-Erzählung an. Deshalb sind viele Romane aus der Frühzeit des Genres in dieser Erzählform geschrieben, so z.B. die bekanntesten spanischen Schelmenromane, ebenso Grimmelshausens *Abenteuerlicher Simplicissimus*, Lesages *Gil Blas* und Defoes *Robinson Crusoe*. Alle diese Romane haben miteinander gemein, daß es in ihnen um das Überleben der Helden unter widrigsten Umständen geht. Ob die Helden diesen Kampf ums Dasein nun als moralische Bewährungsprobe bestehen wie der Simplicissimus oder sich als amoralische Überlebenskünstler über Wasser halten wie Quevedos Buscón, in jedem

Fall sehen sie sich ständig zu einer Rechtfertigung ihres Verhaltens herausgefordert. Ein auktorialer Erzähler müßte unentwegt räsonieren oder sich auf die reine Handlung beschränken. Aus dem Munde der Helden aber erfahren wir nicht nur die Handlung, sondern immer zugleich auch ihre eigene Einstellung dazu, ohne daß wir befürchten müßten, der Autor wolle uns ein bestimmtes Urteil aufdrängen. Allerdings setzt dies Verfahren eine stark handlungsbetonte Erzählung voraus; anderenfalls würde der Leser das Räsonieren über die eigene Befindlichkeit als penetrante Nabelschau empfinden. Deshalb wird der Erzähler bei einem stationären Helden, der sich in einer gleichbleibenden Umgebung bewegt, ein anderes Verfahren wählen, um Einblick in dessen Inneres zu gewähren.

Briefroman

Der Engländer Samuel Richardson (1689–1761), der ursprünglich nur im Auftrage eines Verlegers einen Briefsteller für junge Damen auf dem Lande schreiben sollte, erkannte rasch die Bedürfnisse des literarischen Marktes und schrieb im Alter von 55 Jahren seinen ersten Roman, *Pamela oder Die belohnte Tugend*, einen Briefroman, dem in ganz Europa unzählige Nachahmungen folgten. Aus heutiger Sicht mutet diese Romanform außerordentlich schwerfällig an; denn sie setzt die auftretenden Figuren unter den permanenten Zwang, alle für das Romangeschehen wesentlichen Ereignisse ständig irgendwem in Briefform mitzuteilen. Wenn man in *Pamela* einmal nachrechnete, wieviel Zeit die Heldin für das Schreiben ihrer Briefe gebraucht hat, würde man feststellen, daß sie vieles von dem, worüber sie schreibt, gar nicht erlebt haben kann, weil sie in der Zeit gerade mit Briefschreiben beschäftigt gewesen sein muß. Und doch wurde durch die Einführung des Briefromans die Erzählkunst regelrecht revolutioniert. Mit einem Schlage war der Erzähler eliminiert, und der Leser konnte vollständig in die

Illusion eintauchen, daß er wie durch ein Schlüsselloch in die Privatsphäre fremder Menschen schauen durfte. Allerdings waren der Intimität gewisse Grenzen gesetzt. Ein Brief ist zwar eine private Mitteilung, aber man vertraut ihm im allgemeinen nur das an, was dem eigenen Ich keine zu empfindliche Blöße gibt. Schon das, was im Zwiegespräch nur flüsternd, aber nicht mit normaler Stimme ausgesprochen wird, hätte kaum Aussicht, in einem Brief in unwiderrufliche schriftliche Form gebracht zu werden. Erst recht bleiben alle halbbewußten Regungen ausgespart, da das Schreiben eine Tätigkeit von noch höherem Bewußtheitsgrad als das Sprechen ist. Infolgedessen kann ein Briefroman auf glaubwürdige Weise nur das mitteilen, was den inneren Zensor des jeweiligen Schreibers passiert. In einem noch stark konventionalisierten Gesellschaftsleben, wie es im 18. Jahrhundert vorherrschte, dürfte das, was die Menschen sich zu fühlen gestatteten, noch in der Nähe dessen gelegen haben, was sie anderen mitzuteilen wagten. Gegen Ende des Jahrhunderts aber war mit der heraufziehenden Romantik eine weit stärkere Subjektivierung des Gefühlslebens eingetreten, die sich in Briefen kaum angemessen hätte ausdrücken können. Deshalb wurde dieses Darstellungsverfahren durch das nächstfolgende ergänzt.

Tagebuchroman

Eine religiös bedingte Neigung zur Introspektion hatte sowohl im englischen Puritanismus wie im deutschen Pietismus das Schreiben von Tagebüchern in Mode gebracht. Unter dem Einfluß der Romantik wurden tagebuchartige Aufzeichnungen dann auch in die erzählende Literatur übernommen. Goethes *Werther* hält zwar die Fiktion aufrecht, daß – bis auf wenige Einschübe eines Herausgebers – der Text aus Briefen Werthers zusammengesetzt wurde, doch wirken große Teile der Erzählung in ihrer expressiven Skizzenhaftigkeit eher wie Tagebuchaufzeichnungen. Die Tagebuchform hat den Vorzug, daß sie dem Leser ermöglicht, einer Romanfigur bis in die innersten Winkel ihres Herzens zu schauen. Ihr Nachteil ist, daß das Romangeschehen nur durch ein einziges Bewußtsein gesehen wird, so daß dem Gewinn an psychologischer Präsenz des Helden ein entsprechender Verlust bei den übrigen Romanfiguren gegenübersteht. Die extreme Subjektivität des Tagebuchs schwächt die Illusion einer objektiv realen Fiktion und verleiht der Erzählung zuweilen die Gattungsmerkmale der Lyrik. Vor allem aber macht die Tagebuchform es schwer, die Figur des Schreibers in einem ambivalenten Licht erscheinen zu lassen. Wir sehen ihn nicht nur so, wie er sich selber darstellt, sondern obendrein noch so, wie er sich interpretiert. Ein Autor, der diese Form wählt und dem Leser damit jene Entdeckerlust nimmt, die sich beim Wahrnehmen komplexer, schillernder Charaktere einstellt, muß dies durch das minutiöse Nachzeichnen der innersten Regungen seines Helden kompensieren. Dies gelingt gewöhnlich nur ganz großen Dichtern, z. B. Rilke in den *Aufzeichnungen des Malte Laurids Brigge*.

Erlebte Rede

Autoren, die Menschen im gesellschaftlichen Kontext vorführen und den Leser dennoch in deren Inneres hineinschauen lassen wollen, werden mit den bisher genannten Techniken kaum zufrieden sein. Die Engländerin Jane Austen (1775–1817), die Gesellschaftsdarstellung und individuelle Psychologie meisterhaft zu verbinden verstand, bediente sich deshalb zuweilen eines Verfahrens, das mit dem nicht sehr glücklich gewählten Begriff *erlebte Rede* bezeichnet wird. Es ist eine aus der grammatischen Bindung herausgelöste Form der indirekten Rede, weshalb sie im Englischen als *free indirect speech* bezeichnet wird. Hier ein Beispiel aus Jane Austens Roman *Stolz und Vorurteil*:

> Mit einem ausgeprägten Vorurteil gegen alles, was er vorbringen könne, begann sie seinen Bericht der Ereignisse in Netherfield. Sie las so hastig, daß sie kaum fähig

war, den Sinn der Sätze aufzunehmen; und aus Ungeduld zu erfahren, was der nächste Satz bringen würde, war sie nicht imstande, den Sinn des Satzes vor ihren Augen zu erfassen. Seinen Glauben an die Gefühllosigkeit ihrer Schwester tat sie sofort als falsch ab, und seine Darstellung der wahren, der schlimmsten Einwände gegen die Verbindung machte sie zu wütend, als daß sie ihm hätte Gerechtigkeit widerfahren lassen wollen. Ihr genügte es, daß er nicht einmal bedauerte, was er getan hatte. Sein Stil war nicht bußfertig, sondern hochmütig. Es war alles Stolz und Anmaßung.

(36. Kapitel)

Die letzten beiden Sätze des Zitats sind eindeutig Aussagen aus der Sicht der Briefleserin und nicht des Erzählers. Doch in den vorausgehenden Sätzen ist deutlich die Außenperspektive des letzteren zu spüren; denn die lesende Person würde ihre eigene Gefühlslage selbstverständlich nicht als vorurteilshaft empfinden. Die Technik der erlebten Rede wird von Jane Austen, wie man sieht, noch nicht mit letzter Konsequenz verwendet. Ganz anders dagegen bei Henry James, der sie zur Vollkommenheit gebracht hat. Das folgende Beispiel aus *Bildnis einer Dame* stellt einen inneren Vorgang als einen unausgesprochenen Monolog dar, der ohne den grammatischen Anschluß an einen Hauptsatz als freie indirekte Rede realisiert wird.

Sie konnte ihn heute noch nachfühlen, den unglaublichen Schrecken, mit dem sie von ihrer Behausung Maß genommen. Zwischen jenen vier Wänden hatte sie seither gelebt; sie sollten sie bis zum Ende ihres Lebens umgeben. Es war das Haus der stummen Finsternis, das Haus des Erstickens. Osmonds schöner Geist gab ihm weder Licht noch Luft; Osmonds schöner Geist schien in der Tat aus einem kleinen Dachfenster herabzulugen und sie zu verspotten. Natürlich hatte es kein physisches Leiden bedeutet, dafür hätte es schließlich ein Heilmittel gegeben. Sie konnte kommen und gehen; sie war ihr eigener Herr; ihr Mann war immer von vollendeter Höflichkeit. Aber schon daß er sich so ernst nahm, war etwas Erschreckendes. Unter all seiner Kultur, seiner Klugheit, seiner Anmut, unter seiner Zugänglichkeit, seiner Leichtigkeit, seiner Lebenserkenntnis lag sein Egoismus verborgen wie eine Schlange in einem Blumenbeet.

(42. Kapitel)

Dies Beispiel trägt bereits die Züge des personalen, vom auktorialen Erzähler gänzlich abgelösten Romans, der uns aus der modernen Erzählkunst vertraut ist. Von hier ist es nur noch ein kleiner Schritt zur nächsten, noch moderneren Form der Darstellung von Innenwelt.

Innerer Monolog

Wenn das stumme Selbstgespräch, das in der erlebten Rede noch die dritte Person der indirekten Rede beibehält, sich so verselbständigt, daß es als direkte, wenngleich stumme Rede einer Person empfunden wird, spricht man von *innerem Monolog*. Der Franzose Edouard Dujardin hat diese Technik in seinem Roman *Geschnittener Lorbeer* als einer der ersten verwendet. James Joyce wurde durch ihn zu seiner Bewußtseinsstrom-Technik angeregt, die wiederum von Virginia Woolf übernommen und weitergeführt wurde. In der deutschen Literatur hat Arthur Schnitzler zwei Erzählungen – *Leutnant Gustl* und *Fräulein Else* – als innere Monologe gestaltet. Hier ein Beispiel aus *Fräulein Else*:

Und da halte ich den Brief in der Hand. Der Brief ist ja irrsinnig. Ich soll mit Dorsday sprechen? Zu Tod' würde ich mich schämen. – – Schämen, ich mich? Warum? Ich bin ja nicht schuld. – Wenn ich doch mit Tante Emma spräche? Unsinn. Sie hat wahrscheinlich gar nicht so viel Geld zur Verfügung.

Wenn innere Monologe passagenweise in einem Roman auftauchen, werden sie meist in einem syntaktisch verkürzten, elliptischen Stil ausgeführt. Dennoch wird der Leser selten im Zweifel darüber sein, daß es sich dabei um ein direkt vom Bewußtsein der betreffenden Person geführtes stummes Selbstgespräch handelt.

Bewußtseinsstrom
(stream of consciousness)

Wenn sich die syntaktischen Gefüge so weit auflösen, daß nicht mehr der Eindruck eines kontrollierten Diskurses im Bewußtsein einer Person entsteht, sondern vielmehr der einer Wiedergabe aller das Bewußtsein durchflutenden Regungen, hat man es mit einer Darstellungsform zu tun, die meist mit dem englischen Begriff *stream-of-consciousness-technique* bezeichnet wird. Sie stellt die realistischste Bewußtseinswiedergabe dar, die erzähltechnisch möglich ist. Das berühmteste und erzähltechnisch virtuoseste Beispiel dafür ist das Schlußkapitel aus Joyces *Ulysses*, in dem ohne jegliche Interpunktion über viele Seiten hinweg Erinnerungsfetzen, Empfindungen und Wunschvorstellungen durch das Bewußtsein der Molly Bloom fluten und in ständig neuen assoziativen Verknüpfungen zu einem grandiosen Prosagedicht verschmelzen. Ein kurzer Ausschnitt mag dies illustrieren.

> frsiiiiiiiifronnnng ein Zug irgendwo der pfeift also was diese Lokomotiven für Kraft in sich haben wie große Riesen und das Wasser läuft auf allen Seiten über sie und aus ihnen raus wie am Schluß von Loves old sweet sonnnng die armen Männer die da draußen sein müssen die ganze Nacht weg von ihren Frauen und Familien in diesen Backöfen von Maschinen zum ersticken wars heute wieder ich bin froh daß ich die Hälfte der alten Freemans und Photo Bits verbrannt hab wo er die Sachen immer so rumliegen läßt

Dem Joyceschen Vorbild folgten viele spätere Autoren, wenn auch nur selten mit der gleichen Radikalität. In der deutschen Literatur verrät vor allem Döblins *Berlin Alexanderplatz* seinen Einfluß.
Die stream-of-consciousness-technique ist die konsequenteste Form realistischer Bewußtseinsdarstellung, da sie es möglich macht, neben den klaren Regungen des Bewußtseins auch alle halbbewußten Impulse so darzustellen, wie sie vor jeder rationalen Kontrolle ins Bewußtsein einschießen. Das bedeutet aber, daß sie nur für Autoren mit einer realistischen Erzählintention brauchbar ist. Für nichtrealistische Erzähler wie Franz Kafka wäre sie ebenso unergiebig wie für die meisten postmodernen Autoren, die nicht die Abbildung von Wirklichkeit, sondern das Reflektieren des Erzählvorgangs in der Erzählung selbst in den Mittelpunkt rücken.

Sechs Arten, einen Roman anzufangen

Wie beim Schachspiel gibt es auch beim Erzählen eines Romans nur eine sehr begrenzte Anzahl von Eröffnungen. Eine gute Eröffnung muß zuerst einmal die Aufmerksamkeit des Lesers auf sich ziehen. Sie muß als nächstes einen Ton etablieren, der geeignet ist, wie die Trägerwelle eines Radiosenders alle Modulationen des Erzählflusses zu transportieren. Und sie muß drittens das Grundtempo vorgeben, das im Fortgang der Erzählung durch Akzelerieren und Retardieren in einen gleichsam »atmenden« Erzählrhythmus verwandelt wird. Wenn wir einen Roman lesen, wissen wir meistens schon nach wenigen Sätzen, welchen Romantypus wir zu erwarten haben. Ob es eine Ich- oder Er-Erzählung sein wird, erfahren wir gewöhnlich schon aus dem ersten Satz. Nicht viel mehr Text ist erforderlich, um uns merken zu lassen, ob der Erzähler präsent zu bleiben beabsichtigt oder ob er sich hinter dem Erzählten verstecken wird. Ebenso rasch wird uns klar, ob der Roman in einer emphatisch engagierten oder neutralen, einer ironischen, sarkastischen oder anderen Stilhaltung erzählt wird. Wenn dies alles festgelegt ist, bleibt noch die Einführung in das erzählte Geschehen, für die es ebenfalls nur eine kleine Anzahl stereotyper Eröffnungszüge gibt. Im folgenden wollen wir kurz die sechs Standarderöffnungen vorstellen, denen sich die Anfänge fast sämtlicher Romane zuordnen lassen.

Prolog

In der Frühzeit der Gattung pflegten Romane oft damit zu beginnen, daß der Erzähler erst einmal seine Erzählabsicht darlegt, sei es, daß er begründet, weshalb er überhaupt erzählen will, sei es, daß er über sein geplantes Erzählverfahren kritisch räsoniert oder es ironisch relativiert. Ein klassisches Beispiel für eine solche Eröffnung ist der Anfang von Fieldings *Tom Jones*, einem Roman, der für viele spätere in ganz Europa Modell gestanden hat.

> Ein Schriftsteller sollte sich nicht als einen Gentleman betrachten, der eine private Einladung gibt oder ein Wohltätigkeitsfest veranstaltet, sondern vielmehr als den Besitzer eines öffentlichen Gasthauses, in welchem alle Leute für ihr Geld gleichermaßen willkommen sind. Im ersteren Falle kann der Hausherr – wie sattsam bekannt – die Speisen beliebig wählen; und sollten sie dem Geschmack der Geladenen nicht entsprechen, ja ihnen völlig zuwider sein, so dürfen sie doch nichts daran aussetzen. Im Gegenteil zwingt sie die Wohlerzogenheit dazu, alles zu loben, was ihnen vorgesetzt wird. Genau umgekehrt ist es bei einem Wirt. Leute, die bezahlen, was sie essen, bestehen auf der Befriedigung ihres Gaumens, wie wählerisch und verwöhnt er auch sein mag, und wenn das Essen ihrem Geschmack nicht entspricht, so machen sie vom Recht des Kritisierens und des Schimpfens Gebrauch. Um ihren Gästen keine Enttäuschungen dieser Art zu bereiten, ist es deshalb

unter wohlmeinenden und ehrlichen Wirten Sitte, eine Speisekarte auszuhängen, die jeder gleich beim Eintritt lesen kann. Nachdem man sich über das Angebotene unterrichtet hat, kann man entweder bleiben und sich am Zubereiteten gütlich tun oder aber ein anderes Gasthaus aufsuchen, dessen Kost einem besser gefällt.
Da wir es nicht verschmähen, Witz oder Weisheit von jedem zu entleihen, der sie uns borgen kann, nehmen wir uns an diesen ehrenwerten Schenken ein Beispiel und werden nicht nur unserer gesamten Geschichte eine allgemeine Speisekarte voransetzen, sondern dem Leser außerdem besondere Karten zu jedem einzelnen der in diesem und den folgenden Büchern servierten Gänge präsentieren.

Wenn ein Autor sich auf solche Weise als Wirt vorstellt und dem Leser erst einmal die Speisekarte präsentiert, weiß letzterer, daß er es mit einem auktorialen Roman zu tun hat, daß der Erzähler eine ironische Distanz zum Erzählten einhalten wird und daß die zu erwartende Geschichte in das helle Licht einer aufgeklärten Ethik des gesunden Menschenverstandes getaucht sein wird. Er weiß damit zugleich aber auch, was er alles nicht erwarten darf. Einblicke in die Abgründe der menschlichen Seele dürften aus solcher olympischen Höhe kaum möglich sein. Auch die Aufladung der physisch-realen Welt, vor allem der Natur, mit emotionalen Werten, wie dies in den romantischen Schauerromanen üblich war, wird man nach einem solchen Anfang nicht erwarten. Dazu wäre ein distanzloses Eintauchen in die Illusionswelt des Erzählten erforderlich; dies aber wird durch die distanzschaffende Ironie des Erzählers unterbunden. Aus dem gleichen Grunde wird man auch nicht erwarten, daß der Erzähler, der in der ersten Person, wenngleich im auktorialen Plural, beginnt, eine Geschichte aus dem eigenen Leben erzählen wird. Bei so großer Selbstdistanz dürfte der Leser dem Erzähler-Helden kaum genügend Interesse abgewinnen. So bleibt am Ende nur genau das, was Fieldings Roman auch tatsächlich abliefert: die Geschichte eines Helden, in der Er-Form erzählt, aus olympischer Höhe betrachtet, vom Erzähler kritisch kommentiert und durch den heiter-ironischen Ton von Anfang an auf ein glückliches Ende programmiert.

Vorgeschichte

Ein Autor, der seinen Erzähler weniger deutlich fühlbar in den Erzählvorgang eingreifen lassen will, aber dennoch den großen Überblick aus olympischer Höhe bewahren möchte, wird in seiner Eröffnung den neutral-distanzierten Ton einer Chronik anschlagen. Das gestattet ihm, sich dem Gegenstand aus großer Entfernung zu nähern, in einem langen bedächtigen Anlauf erst einmal die Vorgeschichte aufzurollen, um erst dann, wenn die Hauptgeschichte beginnt, die Distanz zu verkürzen und dem Leser eine stärkere Identifikation mit dem Helden zu gestatten. Neben den in der Er-Form erzählten chronikartigen Familiensagas sind es vor allem die in der Ich-Form erzählten barocken Schelmenromane, die mit einer länger ausgesponnenen Vorgeschichte beginnen. Hier braucht der Ich-Erzähler einen langen Anlauf, um erst einmal den Rapport zum Leser herzustellen, damit dieser ihm die Erzählung seiner Schelmereien abnimmt. Deshalb fangen diese sogenannten *pikaresken* Romane fast alle damit an, daß der Held zunächst von seiner niederen Herkunft berichtet, sein Elternhaus beschreibt und erst allmählich über seine Geburt und die frühe Kindheit zu dem Teil seines Lebens gelangt, in dem er die vom Leser erwarteten Abenteuer erlebt hat. Schon die anonyme Erzählung *Das Leben des Lazarillo de Tormes, seine Freuden und Leiden*, die trotz ihres geringen Umfangs zum Vorbild für eine lange Reihe von Schelmenromanen geworden ist, beginnt mit einer solchen Vorgeschichte:

> So hören denn Euer Gnaden vor allem andern: ich heiße Lazaro von Tormes und bin der Sohn des Thomas Gonzales und der Antonia Perez, beide aus Tejares gebürtig,

> einem Dorfe bei Salamanca. Ich bin im Flusse Tormes geboren, daher mir der Beiname kam. Das trug sich so zu: mein Vater – Gott sei ihm gnädig! – hatte eine Mühle zu bewirtschaften, die in jenem Flusse lag, und waltete darin als Müller mehr als fünfzehn Jahre lang. Als nun meine Mutter, während sie mit mir schwanger ging, eines Nachts in der Mühle war, kam ihre Stunde und sie gebar mich daselbst, so daß ich in Wahrheit sagen kann, ich sei in dem Flusse geboren.

Wenn ein Erzähler zum erstenmal Ich sagt, steht er außerhalb des Erzählten und wird vom Leser noch mit dem Autor identifiziert. Deshalb muß ein Ich-Erzähler, der zugleich der Held seiner Geschichte, also Teil der fiktionalen Wirklichkeit ist, erst einmal ein Stück dieser fiktionalen Welt vorgeben, um sich dann selbst in diese einzubetten. Das erklärt, weshalb nicht nur die in der Ich-Form erzählten Schelmenromane, zu denen auch Grimmelshausens *Abenteuerlicher Simplicissimus* gehört, sondern ebenso Gottfried Kellers halbautobiographischer Bildungsroman *Der grüne Heinrich* (in der zweiten Fassung) mit einem Abriß des Lebens der Eltern des Helden beginnt. Bezeichnenderweise gibt Keller den ersten beiden Kapiteln die Titel »Lob des Herkommens« und »Vater und Mutter« und läßt die Lebensgeschichte des Helden und Ich-Erzählers erst im dritten Kapitel beginnen.

Ouvertüre

Unter den großen Romanciers der Weltliteratur gibt es einige, deren Erzählungen so aus der Sprache heraus leben, daß sie den Charakter von Prosagedichten annehmen. Ein herausragendes Beispiel hierfür ist Dickens. Ihm gelingt es, durch die dichterische Kraft seiner Sprache eine fingierte Wirklichkeit zu beschwören, die einerseits dank der sehr prononcierten Sozialkritik einen klaren Realitätsbezug hat, andererseits aber zugleich als eine phantastische Eigenwelt ersteht, die von der Kritik oft als Phantasmagorie, als Märchen- oder Mythenwelt bezeichnet wird. In seiner zweiten Schaffenshälfte hat er jeden seiner Romane auf einen jeweils charakteristischen Grundton gestimmt, der bewirkte, daß die Leser seine zunächst in Fortsetzungen erscheinenden Romane dennoch als eine Einheit empfanden. Gewöhnlich wird der Grundton – zusammen mit dem dominanten Thema – schon auf der ersten Seite in Form einer kunstvoll ausgeführten Ouvertüre angeschlagen. Eines der eindrucksvollsten Beispiele ist der Beginn von *Bleakhaus*. Von der dichterischen Kraft dieser Ouvertüre kann eine Übersetzung leider nur einen schwachen Abglanz vermitteln.

> London. Der Michaelistermin gerade vorüber, und der Lordkanzler im Amt in Lincoln's Inn Hall. Erbarmungsloses Novemberwetter. So viel Schlamm auf den Straßen, als seien die Wasser gerade erst vom Antlitz der Erde gewichen, so daß man sich nicht wundern würde, einem Megalosaurus zu begegnen, der, vierzig Fuß lang, wie eine elefantengroße Eidechse den Hügel von Holborn hinaufwatschelt. Rauch aus Schornsteinen senkt sich herab und wird zu einem weichen schwarzen Nieselregen mit Flocken von Ruß so groß wie ausgewachsene Schneeflocken, die Trauer angelegt haben, könnte man meinen, über den Tod der Sonne. Hunde, ununterscheidbar vom Schlamm. Pferde, kaum besser; bespritzt bis hinauf zu den Scheuklappen. Fußgänger stoßen einander mit ihren Schirmen, wie von einem allgemeinen Fieber schlechter Laune angesteckt, kommen an den Straßenecken ins Rutschen, wo Zehntausende anderer Fußgänger schon vor ihnen rutschten und schlidderten, seit der Tag anbrach (falls dieser Tag jemals anbrach), und sie fügen Kruste um Kruste neue Schlammraten hinzu, die an diesen Stellen zäh am Bordstein kleben und sich mit Zinseszins vermehren.
>
> Nebel überall. Nebel den Fluß hinauf, wo dieser zwischen grünen Inseln und Wiesen fließt; Nebel den Fluß hinab, wo er sich dreckig vorbeiwälzt an Reihen von

Schiffen und am Uferunrat einer großen (und dreckigen) Stadt. Nebel über den Marschen von Essex, Nebel auf den Kentischen Höhen. Nebel, der in die Kombüsen der Kohlenfrachter kriecht; Nebel, der draußen auf den Werften liegt und um die Takelage der großen Schiffe wabert; Nebel, der auf die Bordseiten von Barken und kleinen Booten niederhängt. Nebel in den Augen und Kehlen der alten Greenwich-Veteranen, die am Kaminfeuer ihrer Kammern vor sich hin schnaufen; Nebel in Rohr und Kopf der Nachmittagspfeife des wütenden Skippers unten in seiner Kabine; Nebel, der Zehen und Finger des kleinen Schiffsjungen zwickt oben an Deck. Zuweilen Leute auf den Brücken, die über das Geländer hinabschauen in einen Nebelhimmel, mit Nebel um sich herum, als wären sie in einem Ballon und hingen hoch im Wolkendunst.

Gaslicht hier und da in den Straßen, schemenhaft im Nebel, so wie die Sonne wohl dem Bauern und seinem Pflugknecht erscheinen mag draußen auf den schwammnassen Feldern. Die meisten Geschäfte erleuchtet zwei Stunden vor der Zeit – was das Gaslicht zu wissen scheint; denn es sieht verstört und unwillig aus.

Der rauhe Nachmittag ist am rauhesten, der dicke Nebel am dicksten und die schlammigen Straßen sind am schlammigsten in der Nähe jenes bleiköpfigen alten Bollwerks, das höchst passend die Schwelle zu einer bleiköpfigen alten Einrichtung ziert – Tempel Bar. Und dicht bei Tempel Bar, in Lincoln's Inn Hall, mitten im Herzen des Nebels, sitzt der Lordkanzler in seinem Kanzleigerichtshof.

In dieser kurzen Textpassage wird das zentrale Thema des Romans in ähnlich symbolisch verdichteter Form vorweggenommen, wie dies z.B. in der Ouvertüre von Webers *Freischütz* geschieht, die mit Recht als Musterbeispiel eines solchen Verfahrens gilt. Es geht in dem Roman um zwei einander entgegengesetzte Charaktergefährdungen, die Gefahr der inneren Erstarrung und die des Selbstverlustes durch innere Haltlosigkeit. Das Symbol der ersten Gefahr ist die verkrustete und erstarrte Rechtsprechung des Kanzleigerichts, Symbole der zweiten sind Bilder der Auflösung, die durch Nebel, Regen und Schneematsch dargestellt werden. Alle Hauptgestalten des Romans müssen sich im Spannungsfeld dieses zentralen Themas behaupten. Dabei wird die thematische Grundstruktur des inneren Dramas ähnlich wie in der *Freischütz*-Ouvertüre dem Roman so vorangestellt, daß sich schon im Eröffnungsbild die Gefahr der Erstarrung und Verkrustung einerseits und die der Auflösung und des haltlosen Versinkens andererseits an symbolischen Bildern ablesen läßt; denn der Gerichtshof ragt wie ein versteinertes Fossil aus dem nachsintflutlichen Schlamm, in dem alles zu versinken droht.

Diese Technik der Romaneröffnung ist zweifellos die am seltensten anzutreffende, da nur wenige Erzähler so sprachmächtige Prosadichter sind wie Dickens. Die nächstfolgende Form ist dagegen im traditionellen Roman des 19. Jahrhunderts so häufig, daß man sie fast als Standarderöffnung ansehen kann.

Zooming-in

Der englische Begriff dürfte aus der Film- und Fototechnik den meisten vertraut sein. Er bezeichnet das Heranholen eines Motivs mittels eines Objektivs mit stufenlos verstellbarer Brennweite, das man früher auf deutsch »Gummilinse« nannte. Im Roman geschieht dies dort, wo die Erzählung mit einem Weitwinkelblick auf eine große Region oder eine ganze Epoche beginnt und dann die Anfangssituation des Romangeschehens ins Bild geholt wird. Ob es gilt, einen historisch fernen Punkt heranzuholen oder in einer geographischen Region den Blick auf einen bestimmten Punkt zu fokussieren, stets wird man den Eindruck eines Tele-Zooms haben. Immer steht am Anfang eine Totale, die sich langsamer oder schneller auf eine Großaufnahme hin verengt. Ein Beispiel der langsamen Art ist der Anfang von Stendhals *Rot und Schwarz*, den wir wegen seiner Länge hier nicht anführen können. Weitaus schneller geschieht das Zooming-in in Thackerays *Jahrmarkt der Eitelkeit*:

> Als unser Jahrhundert noch ein Teenager war, fuhr an einem sonnenbeschienenen Junimorgen am großen Eisentor von Miss Pinkertons Akademie für junge Damen auf der Chiswick Mall eine große Familienkutsche mit zwei dicken Pferden in blitzendem Geschirr, gelenkt von einem dicken Kutscher mit Dreispitz und Perücke, mit einer Geschwindigkeit von drei Meilen pro Stunde vor.

Hier bewirkt die Schnelligkeit, mit der sich der Blickwinkel verengt, eine zusätzliche Ironisierung.

Personenbeschreibung

Eine im traditionellen Roman fast ebensooft anzutreffende Eröffnung ist die Vorstellung der Hauptperson in Form eines detaillierten Porträts, das in komischen Romanen oft als steckbriefartige Beschreibung ausgeführt wird, während ernsthafte Romane gewöhnlich ein nuanciertes Charakterporträt geben. Wenn der Erzähler dem Leser gegenüber glaubwürdig erscheinen will, muß er vermeiden, diesen allzu direkt fühlen zu lassen, daß er seine Gestalten (die er ja selbst geschaffen hat) in- und auswendig kennt. Deshalb wird der Leser schneller auf die Illusion der fingierten Wirklichkeit eingehen, wenn er den Helden erst einmal von außen gezeigt bekommt und damit Gelegenheit hat, sich selbst ein Bild von ihm zu machen. Ein Beispiel hierfür ist der Anfang von Joseph Conrads *Lord Jim*:

> Er war einen, vielleicht auch zwei Zoll weniger als sechs Fuß groß, kräftig gebaut, und er kam geradenwegs, mit leicht geneigten Schultern, den Kopf vorgestreckt und

starr von unten heraufblickend auf einen zu, was an einen angreifenden Stier denken ließ. Seine Stimme war tief, laut, und sein Betragen bewies eine Art störrischer Selbstbehauptung, die nichts Aggressives hatte. Sie schien ein Zwang zu sein und war sichtlich ebensosehr gegen ihn selbst gerichtet wie gegen jeden andern. Er war von tadellosem Äußeren, blütenweiß gekleidet von Kopf bis Fuß, und in den verschiedenen Häfen des Ostens, in denen er als Hafenagent von Schiffshändlern seinen Lebensunterhalt verdiente, war er sehr beliebt.

Der besondere Vorzug einer solchen Eröffnung besteht darin, daß von Anfang an ein vom Erzähler abgelöstes Subjekt gegenwärtig ist, mit dem sich der Leser identifizieren kann. Deshalb wird man danach eher einen Roman in personaler Erzählweise erwarten. Da aber die Personenbeschreibung zunächst notwendigerweise aus auktorialer Sicht erfolgen muß, kann natürlich auch diese weiter beibehalten werden.

Szenische Eröffnung

Während in der Frühzeit des realistischen Romans das Zooming-in die beliebteste Form des Romananfangs war, trat später, vor allem im Naturalismus, an seine Stelle die szenische Eröffnung, bei der der Erzähler sein Objektiv aus kurzer Distanz auf ein laufendes Geschehen richtet und unvermittelt den Verschluß öffnet. Dies kann mit oder ohne spürbare Anwesenheit des Erzählers erfolgen. Thomas Manns Roman *Buddenbrooks*, dessen Anfang wir später in unserem »Leitfaden zur Romaninterpretation« zitieren werden, steht noch in der Tradition des 19. Jahrhunderts. Er beginnt zwar damit, daß der Leser mitten in den Dialog zweier Personen hineingestoßen wird; doch gleich darauf weitet sich der Blickwinkel, und man spürt, daß die nachfolgende Beschreibung aus der Außenperspektive eines auktorialen Erzählers erfolgt.

Anders verhält es sich in Alfred Döblins *Berlin Alexander-*

platz. Auch hier wird aus kurzer Distanz in ein laufendes Geschehen eingeblendet. Doch alles, was geschieht, ist auf die Person des Franz Biberkopf bezogen, der eben aus dem Gefängnis entlassen wurde, so daß der Erzähler gar nicht spürbar wird:

> Er stand vor dem Tor des Tegeler Gefängnisses und war frei. Gestern hatte er noch hinten auf den Äckern Kartoffeln geharkt mit den andern, in Sträflingskleidung, jetzt ging er im gelben Sommermantel; sie harkten hinten, er war frei. Er ließ Elektrische auf Elektrische vorbeifahren, drückte den Rücken an die rote Mauer und ging nicht. Der Aufseher am Tor spazierte einige Male an ihm vorbei, zeigte ihm seine Bahn, er ging nicht.

Erzählungen, die mit einem zunächst namenlosen Er beginnen und die Person in einem szenischen Geschehen zeigen, sind in der modernen Literatur zahlreich anzutreffen. Ebensooft finden sich aber auch Ich-Erzählungen, die mit einer szenischen Eröffnung beginnen. Beide Formen könnte man als die Standarderöffnungen moderner Erzählungen bezeichnen. Erst in jüngster Zeit kam im Zuge der sogenannten Postmoderne eine stärkere Brechung des Erzählverfahrens auf. Jetzt findet man oft wieder einen Erzähler, der auf eine bizarre, zuweilen manieristisch gekünstelte Weise den Erzählvorgang reflektiert und damit die Illusionserwartung des Lesers stört. Es liegt in der Natur einer solchen auf die Durchbrechung des Erwarteten angelegten Eröffnung der Erzählung, daß sie keiner der oben aufgeführten Techniken entspricht und auch selbst keine eigene beschreibbare Technik darstellt. Es scheint eher so, als versuchten die Autoren, aus den erstarrten Konventionen mit ihren weitgehend ausgeschöpften Möglichkeiten auszubrechen und mangels einer besseren Alternative erst einmal die Destruktion der tradierten Formen als neue Form zu verwenden.

Typologie des Romans

Keine andere literarische Gattung tritt in so vielgestaltiger Form auf wie der Roman. Deshalb wundert es nicht, daß immer wieder Versuche gemacht wurden, die Vielfalt seiner Erscheinungsformen nach einem typologischen Schema zu ordnen. Die gebräuchlichsten Ordnungsbegriffe sind dabei solche, die sich an inhaltlichen Ähnlichkeiten orientieren. So haben sich inzwischen Klassifikationsbegriffe wie *Abenteuerroman, Gesellschaftsroman*, *Entwicklungsroman*, *Bildungsroman*, *historischer Roman*, *Zukunftsroman* und viele andere herausgebildet, von denen die meisten sich mit hinreichender Schärfe definieren lassen, so daß sie auch von der Literaturwissenschaft akzeptiert werden. Allerdings sind sie allesamt nur begriffliche Schubfächer, in die man zum Zwecke größerer Übersichtlichkeit einzelne Werke einsortieren kann. Was die dem jeweiligen Typus zugeordneten Werke miteinander gemein haben, läßt sich zwar empirisch beschreiben, aber eine eigene Spezies im Sinne einer Untergattung dürfte darin kaum auszumachen sein. Von einer solchen könnte man nur dann mit einer gewissen Berechtigung sprechen, wenn sie sich aus der Hauptgattung »Epik« auf Grund einer sachgerechten Systematik zwingend ableiten ließe. Selbstverständlich hat die Literaturwissenschaft, wie es sich für eine Wissenschaft gehört, auch solche Systematiken zu entwerfen versucht, von denen wir die wichtigsten kurz betrachten wollen.

Substanztypen

Die nächstliegende Systematik, nach der man Romanformen klassifizieren könnte, dürfte eine solche sein, die sich an den Grundelementen jedes Romans orientiert: also an Charakter, Handlung und Schauplatz. Wolfgang Kayser hat in seinem Buch *Das sprachliche Kunstwerk* eine solche Typologie vorgeschlagen, wobei er die drei Elemente noch weiter faßte und als Figur, Geschehnis und Raum bezeichnete. Je nach der

Dominanz eines der drei Elemente unterscheidet er *Figurenroman*, *Geschehnisroman* und *Raumroman*. In ihrer tatsächlichen Anwendung auf die Literatur erweisen sich diese Typen aber als wenig hilfreich. In der weitaus größten Zahl aller Romane ist die Dominanz des vorherrschenden Elements so wenig ausgeprägt, daß man von einem Typus kaum sprechen kann. Man müßte zudem noch Typen definieren, in denen jeweils zwei Elemente gegenüber dem dritten vorherrschen. Daraus ergäben sich dann drei weitere Grundtypen. Und ein Roman, in dem alle drei Elemente den gleichen Rang haben, müßte einem siebenten Typus zugeordnet werden, womit die ordnungstiftende Funktion der Typologie nahezu entwertet wäre.

Erzähltypen

Literaturtheoretisch überzeugender ist die bereits erwähnte Typologie von Franz K. Stanzel, die drei klar definierbare Erzählsituationen unterscheidet, aus denen sich drei Romantypen ergeben: der *auktoriale Roman*, der *Ich-Roman* und der *personale Roman*. Der Vorzug dieser Typologie ist, daß sich die einzelnen Romane meist eindeutig einem der Typen zuordnen lassen. Allerdings stellt sich die Frage, ob mit der Bestimmung der Erzählsituation etwas Wesentliches über den einzelnen Roman ausgesagt ist. Sind die beiden Ich-Romane von Charles Dickens – *David Copperfield* und *Große Erwartungen* – von grundsätzlich anderer Art als seine übrigen Werke? Hat ein auktorial erzählter Bildungsroman wie Goethes *Wilhelm Meister* mehr mit einem auktorialen Abenteuerroman von der Art der *Drei Musketiere* Alexandre Dumas' gemein als mit Gottfried Kellers Ich-Roman *Der grüne Heinrich*? Gewiß trägt die gewählte Erzählsituation wesentlich zur Gesamtwirkung eines Romans bei; doch betrifft sie nur die narrative Darbietung der Geschichte, nicht deren substantiellen Gehalt. Das Erkennen der Erzählsituation eines Romans ist zwar eine wesentliche Voraussetzung dafür, daß man die übrigen Kunstgriffe bei der kritischen Analyse des Werkes in ihrer Funktion richtig einschätzen kann, aber eine Ausdifferenzierung der epischen Gattung in drei wesensverschiedene Spezies wird man auf dieser Basis kaum begründen können.

Fiktionstypen

Wenn das Wesen einer Erzählung darin besteht, daß sie eine Wirklichkeit fingiert, sollte sich eine Romantypologie daran orientieren, wie sich die fingierte zur realen Wirklichkeit verhält. Für dieses Verhältnis lassen sich grundsätzlich vier Möglichkeiten denken: Die fingierte Wirklichkeit kann die reale abbilden, *wie sie ist*, *wie sie nicht ist*, *wie sie sein soll* und *wie sie nicht sein soll*. Der erste Modus ist der *realistische*, in dem die große Masse der erzählenden Literatur geschrieben ist. Der zweite ist der *phantastische*, wie wir ihn, sehr komplex und symbolisch vertieft, in romantischen Romanen wie Achim von Arnims *Die Kronenwächter* finden, während er in unvertiefter und insofern reinerer Form zur Zeit in der Unterhaltungsliteratur besonders beliebt ist und meist unter der englischen Bezeichnung Fantasy angeboten wird. Der dritte Modus ist der *utopische*, der nur selten in reiner Form, sondern meist durchsetzt mit phantastischen Elementen auftritt. Der vierte Modus, der sich ebenfalls mit dem utopischen verbinden kann, ist der *satirische*, der im allgemeinen aber dem realistischen näher steht. Bei allen vier Modi handelt es sich nicht um formale Modelle, sondern um Grundorientierungen beim Aufbau der fiktionalen Welt. Insofern wäre es theoretisch durchaus denkbar, daß ein Roman alle vier Orientierungen miteinander zu verbinden sucht. Dies wäre dann kein neuer Romantyp, sondern eben nur die Verbindung der vier Fiktionstypen. Um die Typologie noch etwas anschaulicher zu machen, wollen wir sie graphisch verdeutlichen, wobei sich die obige Reihenfolge leicht verändert. (Auf die vermutete Affinität zu den in Klammern gesetzten Epochen werden wir im folgenden näher eingehen.)

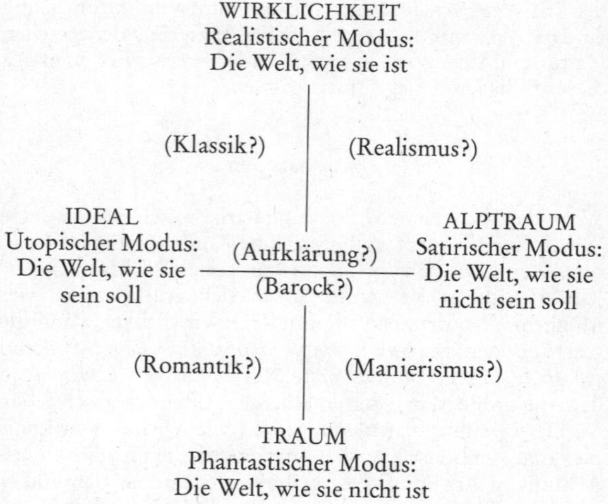

Realistischer Fiktionstyp

Zum Verhältnis von tatsächlicher Realität und ihrer Nachahmung (*mimesis*) durch den Dichter hat bereits Aristoteles Grundlegendes gesagt. Im neunten Kapitel seiner *Poetik* führt er aus:

> Es ergibt sich aus dem Gesagten, daß es nicht die Aufgabe des Dichters ist, zu berichten, was geschehen ist, sondern vielmehr, was geschehen könnte und was möglich wäre nach Angemessenheit oder Notwendigkeit. Denn der Geschichtsschreiber und der Dichter unterscheiden sich nicht dadurch, daß der eine Verse schreibt und der andere nicht (denn man könnte ja die Geschichte Herodots in Verse setzen und doch bliebe es gleich gut Geschichte, mit oder ohne Verse); sie unter-

scheiden sich vielmehr darin, daß der eine erzählt, was geschehen ist, der andere, was geschehen könnte. Darum ist die Dichtung auch philosophischer und bedeutender als die Geschichtsschreibung.

Mit dem Aristotelischen Mimesisbegriff einerseits und der Möglichkeitskategorie andererseits waren die Eckpunkte gesetzt, zwischen denen sich alle ästhetischen Theorien bewegen, die von der Kunst in irgendeiner Weise die Widerspiegelung der Wirklichkeit erwarten. Shakespeare weist im *Hamlet* dem Drama die Aufgabe zu, den Menschen einen Spiegel vorzuhalten. Doch nach Aristoteles soll der Spiegel nicht den wirklichen Menschen, sondern den möglichen zeigen. Die Summe aller Möglichkeiten des Menschen liegt nach Platonischer Lehre in seiner Idee. So verstanden kann sich auch die klassisch-romantische Darstellung idealer Menschen auf die Widerspiegelungstheorie berufen. Aristoteles sah, im Gegensatz zu seinem Lehrer Platon, die Idee als substantiale Form in den Dingen selbst. Deshalb dürfte ihm am nächsten jene Form des bürgerlichen Realismus kommen, die von der realen Wirklichkeit ausging, sie aber nicht photographisch abzubilden versuchte, sondern in ihr die menschliche und soziale Typik aufzeigen wollte. Weiter zur Seite der Wirklichkeit hin ging der von Zola begründete Naturalismus, der eine wissenschaftlich exakte Abbildung des tatsächlich Gegebenen anstrebte. Der Realist Fontane, der erst in der Zeit des Naturalismus zu schreiben begann, bezog eine eigentümlich schwankende Mittelposition. Einerseits polemisierte er gegen Autoren, die eine Wirklichkeit darstellen, die zwar möglich, aber nicht typisch ist. »Aufgabe des Romans« sei es nicht, »Dinge zu schildern, die vorkommen oder wenigstens jeden Tag vorkommen *können*. Aufgabe des modernen Romans« sei es, »ein Leben, eine Gesellschaft, einen Kreis von Menschen zu schildern, der ein unverzerrtes Widerspiel *des* Lebens ist, das wir führen« (*Schriften zur Literatur*. Berlin: Aufbau-Verlag 1960. S. 109). Andererseits erklärte er in einer Rezension über einen Roman von Alexis lapidar: »Das Typische ist langweilig« (ebd., S. 43). Durch die Aristotelische Kategorie der Möglichkeit wird sowohl extremer Individualismus bis hin zu bizarrster Exzentrik als auch extrem idealisierte Typik abgedeckt. Der Streit um eine realistische Poetik mußte sich notwendig im Dilemma dieser beiden Eckpunkte bewegen. Entweder man zielte auf das Allgemeingültige und Ideale, dann mußte man sich fragen lassen, woher man die Gewißheit nahm, daß die angelegte Norm die richtige sei. Oder man gab ein exaktes Abbild einer bestimmten Wirklichkeit, dann war man eine Antwort auf die Frage schuldig, welche Relevanz das dargestellte Individuelle für die Allgemeinheit der Leser hat. Das letztere galt in noch stärkerem Maße, wenn keine *bestimmte* Wirklichkeit, sondern eine *beliebige* Möglichkeit dargestellt wurde. Der *Realismus*, von seiner klassischen Ausprägung in Goethes *Wilhelm Meister* über die Exzentrik Dickensscher Prägung bis hin zu der fast dokumentarischen Wirklichkeitswiedergabe bei Dos Passos, bewegte sich stets zwischen diesen beiden Positionen, die sich einander kaum annähern lassen. Dort, wo er dem Leser Erkenntnis über die tatsächliche Wirklichkeit vermitteln wollte, definierte er sich als Epochen- und Stilbegriff, vor allem im neunzehnten Jahrhundert. Wo er aber über das Typische im Sinne von allgemeiner Relevanz hinausging und in der Wirklichkeit normative Strukturen freilegen wollte, nahm er das Selbstverständnis einer *Klassik* an. In dieser näherte sich der realistische Erzählmodus dem nächstfolgenden an und konnte leicht in ihn übergehen, wie das Beispiel von Goethes *Wilhelm Meister* zeigt. Während die *Lehrjahre* im klassisch-realistischen Modus erzählt sind, haben wir es in den *Wanderjahren* eher mit einer utopischen Darstellung zu tun, die die Wirklichkeit zeigt, wie sie sein soll.

Der Begriff der literarischen Utopie wird oft als Sammelbegriff für drei verschiedene Erzählformen benutzt: für phantastische Erzählungen von fernen Inseln, fremden Sternen oder zukünftigen Jahrhunderten, für satirische Antiutopien von der Art von Huxleys *Schöne neue Welt* und für Utopien im engeren Sinn, die eine ideale Lebens- und Gesellschaftsform entwerfen. Die ersten beiden Formen stellen aber eigene Fiktionstypen dar. Nur die dritte ist utopisch in dem Sinne, daß ihre fiktionale Wirklichkeit zeigt, wie die reale sein soll. Um dies zu bewerkstelligen, muß der Autor all das eliminieren, was für den realistischen Roman wesentlich ist. Während wir in diesem individualisierte Charaktere erwarten, die weder schwarz noch weiß gezeichnet sind, sondern eine realistische Komplexität aufweisen, muß die Komplexität im utopischen Roman auf ein Minimum reduziert werden, damit die normativen Strukturen in ihrer abstrakten Idealität hervortreten. Die Reduktion wird durch drei stereotype Kunstgriffe erreicht: Eingrenzung des Ortes durch Wahl einer Insel oder eines fernen Sterns, Abtrennung des Geschehens von der tatsächlichen Wirklichkeit durch Verlagerung in die Zukunft oder in die Vergangenheit und Vereinfachung der gesellschaftlichen Strukturen durch Begrenzung auf eine überschaubare Zahl von Individuen. Darüber hinaus wird die Komplexität noch durch eine bewußte »Geometrisierung« der utopischen Welt verringert. Diese Kunstgriffe finden sich vor allem in den strengen Sozialutopien, die aus ethisch-politischen, nicht aus literarischen Motiven geschrieben wurden (z. B. Campanellas *Sonnenstaat*, 1623). Dichterische Romane des utopischen Typs sind meist von komplexerer Erzählstruktur, doch ohne psychologische und gesellschaftliche Komplexität. Ein solcher Roman ist Novalis' Fragment *Heinrich von Ofterdingen*. Seine Wertkriterien sind nicht Wirklichkeitstreue und Wahrscheinlichkeit, sondern Normen, die das Leben des Menschen teleologisch bestimmen und die er anstreben und verwirklichen soll. Da

Novalis nicht – wie die Verfasser von Utopien im engeren Sinn – eine als real fingierte ferne Welt zum Handlungsort macht, die der gegenwärtigen Wirklichkeit als realisierbares Modell gegenübersteht, sondern eine aus Realität und Phantasie gemischte imaginäre Welt des Mittelalters, stellt sich der Bezug zur realen Wirklichkeit erst durch symbolische und allegorische Übertragung her. Dies gilt auch für die meisten anderen Romane der deutschen Romantik. Das Utopische in ihnen ist ein normativer Entwurf, der in eine phantastische Wirklichkeit eingezeichnet ist und darin zeigt, wie die reale Wirklichkeit sein sollte.
So wie der realistische Roman vom Einmalig-Individuellen bis zum Idealen reicht, so der utopische Roman vom Idealen bis zum Irreal-Phantastischen. Die ihm gemäßesten Stilepochen sind demnach die nachklassischen, also der *Barock* und die *Romantik*. Deshalb wundert es nicht, daß die Utopie im neunzehnten Jahrhundert vor allem in England und Amerika blühte, wo die Literatur besonders stark unter romantischem Einfluß stand. Trotz solcher offensichtlich epochenspezifischen Vorlieben sollte man aber nicht übersehen, daß es sich bei der Utopie nicht nur um einen Fiktionstyp, sondern um ein anthropologisches Grundbedürfnis handelt. Seit Jahrtausenden träumt die Menschheit zwei kollektive Wunschträume: den hedonistischen Traum vom Glück, dessen Archetyp das Schlaraffenland ist, und den asketischen Traum von der ethisch guten Gesellschaft, der den Staatsentwürfen Platons und vieler späterer Utopisten zugrunde lag und ebenso den vielen gescheiterten Versuchen von chiliastischen und sozialistischen Bewegungen, die den Gottesstaat auf Erden bzw. eine gerechte Gesellschaft verwirklichen wollten.

Phantastischer Fiktionstyp

Jede Erzählung erschafft eine fingierte Wirklichkeit. Wenn diese weder Abbild der realen Welt, noch normatives Vorbild einer sittlich geforderten ist, sondern statt dessen auf jeden

Realitätsbezug verzichtet, dann haben wir es mit einem phantastischen Roman zu tun. Das Erfinden neuer Wirklichkeiten ist etwas spezifisch Menschliches. Als human in einem wertenden Sinn pflegt man aber nur das zu bezeichnen, was zugleich zum Selbstverständnis des Menschen, zur Sinngebung seiner Existenz beiträgt. Deshalb ist im Bereich der hohen Literatur die Epik des bloß Phantastischen eher sparsam vertreten. Sie erfüllt ein Unterhaltungsbedürfnis, befriedigt eine künstlich geweckte Neugier und reizt die Phantasie, ohne dem Geist die Weltdeutungsmodelle anzubieten, die wir gewohnt sind, der großen Literatur zu entnehmen. Dennoch gab und gibt es Epochen, wo bizarre Phantastik auch von der hohen Literatur gepflegt wird. Es sind vor allem jene, die man als *manieristisch* zu bezeichnen pflegt. Historisch gesehen ist es in erster Linie die Zeit zwischen der Renaissance und dem Barock. Aber auch die Spätromantik und unsere gegenwärtige Epoche tragen deutliche Züge von Manierismus. Es ist vielleicht kein Zufall, daß Manierismen meist auf Epochen eines Humanismus folgen. Man könnte fast vermuten, daß es sich dabei um Gegenbewegungen gegen die allzu rigiden Sinngebungsversuche der jeweiligen Humanismen handelt. Rabelais' *Gargantua und Pantagruel*, E. T. A. Hoffmanns phantastische Erzählungen und Jorge Luis Borges seien hier nur als Beispiele genannt. In reiner Form ist allerdings auch das Phantastische nur selten anzutreffen. Oft hat es einen verborgenen allegorischen Bezug zu normativen Weltdeutungen, oder es enthält satirische Spitzen gegen die reale Wirklichkeit und nähert sich damit dem vierten und letzten Fiktionstypus.

Satirischer Fiktionstyp

Satire legt in überzeichneter Form die Mängel der realen Wirklichkeit bloß und zeigt damit die Welt, wie sie nicht sein soll. Sie bedient sich dabei einer Reihe von Kunstgriffen, die in der Literatur eine lange Geschichte haben. *Einseitigkeit* und *Übertreibung* sind die meistgebrauchten davon. Die dahinter stehende Stilhaltung ist die *Ironie*. Sie läßt sich in zwei sehr unterschiedlichen Formen beobachten. Die eine könnte man als objektive Ironie bezeichnen. Ihr unübertroffener Meister ist Jonathan Swift. Er ist als ironisierender Erzähler kaum zu spüren, und doch weiß der Leser, daß er das, was die Erzählung zu behaupten scheint, nicht wirklich meint. So unterbreitet er z. B. einen *Bescheidenen Vorschlag, wie man verhindern könnte, daß die Kinder der Armen ihren Eltern oder ihrem Land zur Last fallen, und wie man sie dem Gemeinwohl nutzbar machen könnte*. Der Vorschlag lautet, man möge die Kinder schlachten, wodurch das Bevölkerungswachstum gebremst, die Ernährung der Menschen bereichert und ihre Gesundheit verbessert werde. Natürlich wußte jeder verständige Leser, daß der Autor dies nicht wirklich meinte. Im Gegenteil, sein Angriff ging gegen das merkantilistische Denken, das als einzige Wertnorm den materiellen Wohlstand gelten ließ. Es ist die klassische Form der Ironie, die das Gegenteil dessen sagt, was sie meint. Aber sie liegt ausschließlich in dem Was, nicht in dem Wie des Gesagten. Bei Thomas Mann hingegen haben wir es mit einer subjektiven Ironie zu tun, die am Tonfall des Erzählens erkennen läßt, daß das Gesagte nicht immer für bare Münze genommen werden darf. Solche subtile Ironie eignet sich vorzüglich für eine realistische Darstellung. Und in dieser Form finden wir sie bei großen Autoren, z. B. bei Jane Austen. Für die Satire eignet sie sich jedoch weniger. Hier ist stärkerer Tobak gefragt. Wenn ein Autor sich nicht für Swifts ironische Umkehrung entscheiden will, dann muß er die Zielscheibe seiner Satire direkt angreifen, indem er sie ins Groteske verzerrt und ihre Mängel und Schwächen erbarmungslos überzeichnet. Obwohl die Satire zu allen Zeiten gepflegt wurde, da ja die Menschheit jederzeit genug Angriffsflächen bot, gab es Zeiten, in denen die Gattung besonders blühte. Es waren gewöhnlich Übergangszeiten zwischen einer normativen und einer individualistisch-moralisierenden Ethik, also Phasen wie der *Humanismus*, die *Aufklärung* und die *Neue Sachlichkeit*.

In unserm Typenkreis reicht der satirische Fiktionstyp vom phantastischen über das utopische bis hin zum realistischen Prinzip. Die *Blechtrommel* von Günter Grass spannt sich nahezu über den ganzen Bereich. Sie ist in eminentem Maße satirisch und zugleich auf höchst manieristische Weise phantastisch. Während sich die klassizistische Satire Swifts, wenngleich durch Negation, auf das Ideal-Normative und damit auf das Utopische bezieht, bewegt sich die manieristische Satire Rabelais' oder Günter Grass' zwischen dem phantastischen und dem realistischen Prinzip. Unser Typenkreis hat also nicht nur fließende Übergänge an der Peripherie, sondern auch noch zwei diagonale Beziehungen. So ist z.B. das Urbild des utopischen Romans, nämlich Thomas Morus' *Utopia*, Utopie und subtile Satire in einem. Und der große Realist Dickens ist zugleich der unvergleichliche (»the inimitable«, wie er sich selber scherzhaft nannte) Schöpfer phantasmagorischer Wirklichkeit, wobei er darüber hinaus den Typenkreis auch noch in Richtung auf Satire und sentimentale »Heile Welt«-Utopie ausschreitet.

Soweit unser Typologisierungsversuch. Im Unterschied zu den bisher gebräuchlichen Typologien setzt er nicht bei der Erzähltechnik, sondern beim Wesen der Fiktion an. Es scheint überdies so, als ließen sich historisch in den verschiedenen Stilepochen unterschiedliche Präferenzen für die vier Fiktionstypen beobachten. Sollte sich diese Vermutung erhärten, hätte unsere Typologie den zusätzlichen Vorzug, daß sie nicht nur die vier möglichen Intentionen der Fiktion klassifiziert, sondern darüber hinaus geeignet ist, den Ursachen für das historisch unterschiedliche Auftreten bestimmter Weltsichten in der erzählenden Literatur auf die Spur zu kommen.

Kunst oder Kitsch?

In keiner der drei literarischen Gattungen hat der Kitsch so tiefe Wurzeln geschlagen wie in der erzählenden Prosa. In der Lyrik hält sich zwar auch heute noch der Kitsch der Poesiealbumverse, doch dürften in der ohnehin verschwindend kleinen Leserschaft von Versen die Leser der seriösen Lyrik in der Mehrheit sein. Noch mehr vom Kitsch verschont geblieben ist das Drama, jedenfalls in heutiger Zeit, was zwei Umständen zu verdanken ist: Zum einen wird im Bereich der darstellenden Kunst das Kitschbedürfnis des Publikums weitgehend durch den Film befriedigt, und zum anderen bleibt das Theater wegen seiner vergleichsweise hohen Eintrittspreise auf ein relativ homogenes, gebildetes Publikum der Mittelschicht beschränkt, was den Theatermachern gestattet, anspruchsvolle Werke von hohem künstlerischem Niveau aufzuführen. Die erzählende Prosa wurde durch keine solchen Barrieren gegen die immer höher schlagenden Wellen des Kitsches geschützt. Romane sind in Gestalt von Groschenheften schon für wenig Geld erhältlich. So war es nur natürlich, daß der Buchmarkt auf die unersättliche Kitschnachfrage mit einer entsprechend unerschöpflichen Kitschproduktion reagierte, mit dem Ergebnis, daß der quantitativ größte Teil der heute publizierten Erzählprosa in die Sparte Kitsch und Trivialliteratur fällt. Schon aus diesem Grunde muß eine Einführung in die Interpretation von Romanen sich auch dem Problem des Kitsches stellen.
Wenn von Kitsch die Rede ist, hört man gewöhnlich die Ansicht, daß er schwerer zu definieren sei als die Kunst. Das mag zutreffen. Da noch niemand eine verbindliche Definition des Wesens der Kunst gegeben hat, wird man auch nach einer entsprechenden Definition des Kitsches vergeblich suchen. Mag aber auch sein Wesen nicht definierbar sein, so läßt sich sein Unterschied zur Kunst doch ziemlich genau beschreiben. Kunst ist seit dem Beginn kultureller Überlieferung immer Gegenstand kritischer Geschmacksurteile gewesen. Nur dank Kennerschaft ist Kunst zu genießen. Im

Kitscherlebnis dagegen versucht der Rezipient die kritische Schranke zu umgehen, um vom Kitschobjekt unmittelbar, also ohne jede kritische Distanz, affiziert zu werden. Kitsch hat insofern etwas Drogenhaftes. Und gerade deswegen fallen die Menschen so leicht auf ihn herein. Während die ästhetische Lust im Kunsterlebnis dadurch freigesetzt wird, daß sich am Widerstand einer komplexen Form eine psychische Spannung aufbaut, die durch einen erkennenden Wahrnehmungsakt gelöst wird, befriedigt der Kitsch unmittelbar ohne eine solche Erkenntnisleistung. Das ist der Grund, weshalb Menschen, die nie gelernt haben, aus kritischer Wahrnehmung Lust zu gewinnen, so schnell kitschsüchtig werden. Kunst macht den Menschen mit sich selbst bekannt, indem sie ihn an die Grenzen seiner Erlebnisfähigkeit führt. Sie kann uns erheben oder erschüttern, sie läßt uns in Abgründe schauen, und wenn sie uns das Paradies zeigt, dann als ein verlorenes oder als kritisch reflektierte Utopie. Der Kitsch aber schleicht sich an der Schranke des kritischen Bewußtseins vorbei in ein verlogenes Paradies, das so unecht ist wie ein Drogenrausch. Diesen fundamentalen Unterschied zwischen Kunst und Kitsch wollen wir an den fünf häufigsten Typen von Kitsch kurz veranschaulichen.

Harmonisierungskitsch: »Die heile Welt«

Eines der Hauptmotive für das Lesen von Kitschromanen ist die Flucht aus der Wirklichkeit in eine Welt, in der man sich so geborgen fühlen kann wie in der zur Idylle verklärten Erinnerung an die eigene Kindheit. Dieses Bedürfnis wird vor allem durch die sogenannten Heimatromane befriedigt. Hier ein Beispiel aus einem Roman von Ludwig Ganghofer:

> Wie schön das war: dieses stille Rasten fern von aller Unruh da draußen, nach langen Jahren wieder in der Heimat, an solchem Morgen, in der linden Maiensonne! Ohne sich zu regen, die gebräunten Hände im Schoß, an

die weißglänzende Mauer gelehnt, und wunschlos träumenden Glanz in den blauen Jünglingsaugen, saß er zwischen Tür und Fenster auf der Hausbank und trank mit tiefen, ruhigen Atemzügen alle Schönheit in sich, die der Mai seiner Heimat um ihn herschüttete. Über dem vorspringenden Hausdach, dessen Ränder sich in der Sonne wie goldflimmernde Linien vom zartblauen Himmel abhoben, zwitscherte ein Schwalbenpärchen, das vom Nestbau ein wenig ruhte.

Ein Hang zur Idylle, wie er hier bei Ganghofer in stereotyper Form zum Ausdruck kommt, durchzieht die gesamte deutsche Literatur des neunzehnten Jahrhunderts. Auch bei großen Autoren wie Jean Paul und Keller finden sich schwelgerische Naturbeschreibungen und eine Tendenz zum Heimeligen und Gemütlichen, doch dank größerer Originalität und gedanklicher Tiefe bleiben sie gegen den Kitsch gefeit. Aber auch bei ihnen handelt es sich um charakteristische Merkmale einer Literatur, deren auffälligster Mangel das Fehlen von Urbanität ist. Nur Fontane ist hier die große Ausnahme. Obwohl durchaus kein kosmopolitischer Weltmann, hält er zur Idylle eine ironisch-kritische Distanz und bleibt gegen den Kitsch immun.

Sentimentaler Kitsch: Gefühl als Entlastung vom Denken

Sentimentalität gilt als eines der Standardmerkmale des Kitsches. Die Frage ist nur: Wann verwandelt sich Gefühl in Sentimentalität? Goethes *Werther* ist eine der gefühlsbetontesten Erzählungen der deutschen Literatur, und doch wird man sie nicht sentimental nennen. Die Fähigkeit zu intensiven Gefühlen gilt allgemein als etwas Positives. Sentimentalität wird daraus erst, wenn das Gefühl nicht mehr den Menschen als Subjekt gegenüber der Objektwelt auszeichnet, sondern wenn es sich über letztere ergießt und damit den fundamentalen Riß zwischen Subjekt- und Objektwelt auf unehrliche Weise überdeckt, indem es ihn durch eine vorgetäuschte Gefühlseinheit zukleistert. Das Erkennungszeichen sentimentaler Literatur ist also nicht die Gefühlsbetontheit, sondern eine penetrante Einfühlung, durch die sich das Gefühl über die umgebende Objektwelt ergießt. Ein Beispiel aus einem Roman von Agnes Günther soll dies verdeutlichen:

> Hans Friedrich beginnt leise und zart jene Melodie, die Harros Worte in ihm wachgerufen haben. »Ruhn in Frieden alle Seelen« . . ., und das neue Haus mag wohl lauschen auf den seltsamen Weihegesang. Und seine wunderbare Kunst nimmt die Melodie auf ihre Flügel, und sie rollt dahin in mächtigen Akkorden und kehrt wieder mit holden, flehenden, unsäglich süßen Kinderstimmen und mit Engelschören und rauscht über nächtliche Wälder und einsame, weite, brennend rote Heide, wo alte Heidenmale stehen, und spielt um verlassene Dorfkirchhöfe, wo die Kinder auf den eingesunkenen Gräbern spielen und Holunderbüsche ihre weißen Dolden breiten, und wandelt durch Wälder auf sonnenfleckigen Wegen, wo das eingesunkene Kreuz am Rain liegt, halb begraben unter den todblassen Waldrosen.

Man könnte einwenden, daß auch Eichendorff in seinen Gedichten und mehr noch in seinem Roman *Ahnung und Gegenwart* die Natur emotionalisiert. Aber er läßt ihr immer den Status einer fremden, geheimnisvollen und ambivalenten Sphäre, zu der sich der Mensch in ein vertrauensvolles Verhältnis setzen muß. Er lügt sich nicht über diese unübersteigbare Grenze hinweg, indem er sie mit sentimentaler Einfühlung überflutet.

Erhabener Kitsch: Dämonisierung der Natur

Zwei Wesen werden von der Kitschliteratur mit Vorliebe ins Dämonische überhöht: die Natur und die Frau, die dann gewöhnlich als Weib bezeichnet wird. Der psychische Antrieb, der dahinter steht, scheint ein Bedürfnis des Menschen zu sein, sich von seiner Tiernatur möglichst weit zu entfernen und das, was ihn damit verbindet, nämlich die äußere Natur und die eigene Sexualität, ins Übermenschliche zu steigern. Überall in der Kitschliteratur tauchen dämonisierte Landschaften auf, sturmgepeitschte Meere und erhabene Berggipfel, ewig singende Wälder und weite Ebenen, die als Wesenheiten mit einer eigenen Individualität dargestellt werden. Selbst in der höherrangigen Literatur ist diese Tendenz weit verbreitet:

> Der leichte Wellengang, hier etwas dreister, bespülte und berauschte sie; ihr Blick versenkte sich weit hinaus ins Ferne, Sehnsüchtige; die Welt war hinter ihr verschlossen und sie in unendlicher Weite allein, als plötzlich das Meer beim Küssen ihrer Füße sich veränderte und in eine unheimliche Erregung geriet. Der leise Schlag der Wellen setzte aus; einen Augenblick verharrte die Flut unschlüssig und erstarrt. Dann lief ein Schillern über die Fläche, ein wildes Zittern befiel das Wasser, und vor den entsetzten Augen Demeters stand mitten aus der Flut, weit draußen, eine furchtbare Welle auf, hoch und breit, von Schaum gekrönt und lief mit dunklen ausgespannten Flügeln geradewegs auf sie zu. Demeter faßte sie in ihren staunenden Blick, ihr Mund stand offen, ihre Finger umkrallten rückwärts greifend erstarrend die rundlichen Steine des Bollwerks. Da stand die Welle vor ihr: hoch aufgereckt. Gudula schrie vom Strande; aber der Schrei verhallte. Die Mole erzitterte, als die Welle am Fuße aufsetzte und mit einem Schwung die Böschung hinaufsprang. Demeters Hände wurden von den Steinen los über ihren Kopf gerissen,

ihr Gewand zerriß in zwei Hälften von oben bis unten, ihr Rücken und Haupt schlugen hart auf den gemauerten Wall. Die Welle ergoß sich, durchdrang, durchfeuchtete, durchblutete sie. Sie rauschte sich in ihre Sinne, packte, erstickte, erwürgte sie. Sie schlug sich in ihren Leib wie mit Fängen und hielt ihn hingestreckt, gefesselt, aufgegeben.
Als das Wasser zurücksank, war es, als ob ein Abgrund ihm nachrollte. Aber die Welle kam noch einmal, gesänftigt, mit dem gelasseneren Atem des Meeres zurück. In einer langen zärtlichen Bewegung faßte sie die auf die Mole Gekreuzigte, hob sie auf und trug sie sanft über den Steindamm hinweg zu dem vor der Flut gesicherten Strand. Dort auf gefeuchtetem Sand weich gebettet verließ sie die Welle.

Es gehört nicht viel Phantasie dazu, um zu bemerken, daß in diesem Text Rudolf Bindings der Überfall der Welle wie ein sexuelles Überwältigtwerden dargestellt wird. Zugleich wird ihm aber eine religiöse Tönung gegeben. Beim Zerreißen des Gewandes in zwei Hälften von oben bis unten wird der gebildete Leser vielleicht an das Zerreißen des Vorhangs im Tempel beim Tode Christi denken; und vielleicht wird er diese Assoziation erst einmal als völlig abwegig empfinden. Spätestens beim Bild der »auf die Mole Gekreuzigten« aber weiß er, daß die Assoziation durchaus beabsichtigt ist. Es handelt sich hier um eine typische Kitschmixtur. Natur wird zu einem dämonischen Wesen emporstilisiert, wird mit einer Aura angstvoll-lüsterner Erotik umgeben und zur Neutralisierung der Tabuverletzung mit dem Segen des Religiösen versehen. Dämonisiert werden im Kitsch auch andere Mächte, denen der Mensch sich ausgeliefert fühlt und mit denen er sich auf diese unehrliche Weise zu arrangieren versucht. Im patriotischen Kitsch sind es z. B. das Vaterland und der Krieg. Zeitweilig gab es sogar einen Kitsch, der die industrielle Arbeitswelt dämonisierte und mit hochstilisiertem Pathos das Anstechen eines Hochofens oder die Schinderei der Bergarbeiter unter Tage als heroische Handlungen glorifizierte. Im sozialistischen Realismus hielt sich dieser Kitsch bis in die jüngste Vergangenheit.

Erotischer Kitsch: Dämonisierung der Frau

Wie wir bereits bei der Betrachtung der archetypischen Charakterstrukturen sagten, trat in der zweiten Hälfte des neunzehnten Jahrhunderts die Femme fatale ihren Siegeszug durch die europäische Literatur an, und nicht nur durch die Literatur, sondern auch durch die Oper und die Malerei. Es dürfte kaum zu bezweifeln sein, daß sich darin eine heimliche Angst des Mannes ausdrückte, dessen Position in der bürgerlichen Gesellschaft jetzt deutlich schwächer war als in der früheren Adelsgesellschaft. Dämonische Frauen blieben, wie die Beispiele Carmen, Salome, Lulu und viele andere zeigen, keineswegs auf die Pornographie und die Kitschliteratur beschränkt, sondern erfreuten sich großer Beliebtheit auch in der seriösen Literatur, zu der der Autor des folgenden Kitschbeispiels zeitweilig gezählt wurde.

> Die schlanken biegsamen Arme hoben und senkten sich sehnend, lockend, betörend im Mazurkatakt über dem feingeschnittenen Kopf und den zart marmorierten Schultern. Von den Lippen summte eine schelmische, verliebte Melodie. So stand sie ein Weilchen, nur leicht sich wiegend, gaukelnd, schwebend, trällernd. Aber nach und nach kam Bewegung, Feuer in den gleitenden Fluß der Linien. Schneller und schneller begannen die zierlichen Knöchel umeinander zu wirbeln, fesselloser regten sich die Arme, hob sich der geschmeidige Leib. Die Melodie auf ihren Lippen erstarb. Nur noch der Rhythmus der befreiten Glieder, sprach, sang, jubelte Lust, Gewährung, Seligkeit. Mit einem heißen Seufzer brach sie dicht vor mir in die Knie. »Wer mich haben will«, flüsterte sie mit fliegendem Atem, »muß mich

> nehmen, wie ich bin. Polnisches Blut, mein Freund! Willst du mich nehmen, wie ich bin?« »Dirne! ... Weib!« stammelte ich und atmete noch einmal den schmeichelnden Duft ihres nackten Leibes, küßte zum letztenmal diese roten wartenden Lippen, zwischen denen der weiße Zahnschmelz wie ein mattglänzender Perlensaum schimmerte.

Szenen wie diese von Max Halbe gibt es zu Tausenden in der erotischen Kitschliteratur. Meist ist darin das eine oder andere literarische Vorbild oder eine Mischung aus verschiedenen leicht erkennbar. In unserem Fall hat ganz offensichtlich Salome Modell gestanden. In anderen Fällen ist es Melusine, Carmen oder Frau Venus persönlich, wie sie in Wagners *Tannhäuser* auftritt. Immer handelt es sich dabei um eine verführerische Frau, die den Mann mit Reizen umgarnt, die nicht einfach als die natürliche Wirkung eines schönen Frauenkörpers dargestellt werden, sondern als die Zauberkraft entweder eines dämonischen Naturwesens oder einer Hexe. Die Dämonisierung hat dabei eine Alibifunktion. Sie gestattet dem Mann – und für ihn ist diese Art von Literatur in erster Linie geschrieben – auf die Verführung einzugehen und sich gleichzeitig entschuldigt zu fühlen, da die Hexe ja unwiderstehlich ist. Erst dadurch, daß sie den moralischen Widerstand ausschaltet und die erotische Lust kritiklos konsumierbar macht, wird die Dämonisierung kitschig. Mit kritischer Distanz dargestellt, kann auch das Dämonische Gegenstand großer Kunst sein. Goethes Mignon-Gestalt in *Wilhelm Meisters Lehrjahre* ist ein gutes Beispiel dafür. So scheint tatsächlich das Fehlen der kritischen Distanz das entscheidende Kitschkriterium zu sein.

Simplifizierungskitsch: »Das einfache Leben«

Neben Harmonisierung, Sentimentalisierung und Dämonisierung ist Simplifizierung die vierte der verlogenen Kitschtendenzen. Während die ersten drei sich gewöhnlich in überspanntem Pathos und blumigen Poetisierungen ausdrücken, liebt die vierte das Karge, Spröde, wie es in der Blut-und-Boden-Literatur vorherrschte. Lesebücher aus der Zeit des Nationalsozialismus sind voll von Texten, in denen menschliches Leben, vorzugsweise deutsches, in kerniger Schlichtheit beschrieben und mit ebenso kernigen Holzschnitten illustriert wird. Bei der Lektüre kann man die Kernseife dieses sauberen Deutschtums förmlich riechen. Das folgende Beispiel stammt zwar schon aus dem Jahr 1910, ist aber typisch für die geradlinige Primitivität, die später von den Nationalsozialisten propagiert wurde.

> Am anderen Nachmittag traf sich das junge Volk in Engensen im Kruge und tanzte, daß die Deele donnerte, aber der Wulfsbauer sorgte dafür, daß nicht zu viel getrunken wurde und daß rund um den Krug und nach allen Richtungen um das Dorf Wachposten standen. Er selber stand an der großen Türe und sah zu, rauchte und trank ab und zu einen Schluck Bier aus dem Kruge, den er neben sich stehen hatte.
>
> Ein Mädchen fiel ihm auf, sie mochte knapp achtzehn Jahre alt sein, hatte ein Gesicht wie Milch und Blut, Haare wie Haferstroh und war wie eine Tanne gewachsen. Sie tanzte mit einem langen, dünnen Bauernsohn, der ein Gesicht hatte wie ein Pott voll Mäuse. Ein jedesmal, wenn sie an Harm vorbeitanzte, sah sie ihn an, als wollte sie ihm ihr Herz vor die Füße legen. Es war Drewes' zweite Tochter Wieschen, hörte er, von der man sagte, sie sei rein wie Nesselkraut, und mehr als einer von den Jungens im Dorfe hatte ein dickes Maul mitgenommen, wenn er einen Süßen von ihr haben wollte.

Diese Szene aus Hermann Löns' »Bauernchronik« *Der Wehrwolf*, die in der Zeit des Nationalsozialismus in über einer halben Million Exemplaren verbreitet war, mutet wie eine primitive Illustration jener »machtgeschützten Innerlichkeit« an, die Thomas Mann auf subtilere, aber nicht minder naive Weise in seinen *Betrachtungen eines Unpolitischen* als sein Ideal wahren Deutschtums pries. Sie verherrlicht kernige Germanen, die Wache schieben (»die Wacht am Rhein«), und blonde Mädchen, sauber wie Nesselkraut. Das Kitschige an diesem simplistischen Ideal ist ebenfalls das Fehlen jeder kritischen Distanz. Einfachheit bedeutet eben nicht nur Unverdorbenheit, sondern oft auch Primitivität.

Der Unterschied zwischen Kunst und Kitsch ist – entgegen landläufiger Meinung – keineswegs Geschmackssache, sondern beruht auf objektiv angebbaren Tatsachen. Die Frage ist, ob Kitsch darum auch etwas objektiv Schlechtes sein muß. Da Kitsch im allgemeinen positive Werte propagiert, wird man vielleicht zögern, das Verdammungsurteil über ihn zu sprechen. Weshalb, könnte man sagen, sollen die Menschen sich denn nicht auf dem Wege über die Fiktion in ein Paradies hineinträumen, in dem alles einfacher und harmonischer ist, in dem man die Verantwortlichkeit vor dem Bewußtsein abstreifen und sich lustvoll dämonischen Mächten unterwerfen kann und in dem die ontologische Entfremdung des Subjekts von der Objektwelt durch die alles überschwemmende Sentimentalisierung aufgehoben wird? Ginge es nur um Befriedigung heimlicher Wünsche im Reich der Phantasie, so wäre dagegen wohl kaum etwas einzuwenden. Doch die vier hier aufgezeigten Kitschsehnsüchte sind leider auch die Bedürfnisse, an die alle totalitären politischen Ideologien appellieren und die deren Gefährlichkeit ausmachen. Ob sozialistisch oder faschistisch, ob fundamentalistisch religiös oder vermeintlich aufgeklärt materialistisch, sie alle bieten den Menschen Simplifizierung und Harmonisierung an, sie alle etablieren Machtsysteme durch Dämonisierung historischer Mächte, und sie alle versuchen, die Entfremdung, also die Subjekt-Objekt-Differenz, dadurch zu überwinden, daß sie die kritische Unterscheidungsfähigkeit des denkenden Individuums in einer totalitären Flut ertrinken lassen, so daß selbst eine sich als wissenschaftlich verstehende Ideologie am Ende in sentimentalen Irrationalismus umschlägt. Faßt man diesen Zusammenhang ins Auge, dann wird man wohl zugeben müssen, daß der Kitsch keine harmlose Geschmackssache ist. Er mag durchaus besänftigende, narkotisierende und domestizierende Wirkung haben, aber da das entscheidende Merkmal seiner Rezeption die fehlende kritische Distanz ist, ist der kitschsüchtige Mensch immer auch anfällig für ideologischen Kitsch, wie er in unserem Jahrhundert in so verheerender Form aufgetreten ist. Anders als die reine Trivialliteratur, die weder moralischen noch literarischen Wert beansprucht, suggeriert der Kitsch immer Wertvorstellungen, mögen diese noch so trivial sein. Er gibt auf unkritische und damit unehrliche Weise vor, Kunst zu sein. Insofern ist er möglicherweise gefährlicher als ganz und gar unambitionierte reine Trivialliteratur, die nur mit billigen Effekten das Unterhaltungsbedürfnis des Lesers zu befriedigen sucht. Sexistische Pornographie und sadistische Gewaltverherrlichung können zwar, wie inzwischen hinreichend nachgewiesen ist, manchen Leser so enthemmen, daß er seinen geweckten Instinkten folgt. Aber sie werden ihn nicht dazu bringen, sein Verhalten für moralisch gut zu halten. Der Kitsch hingegen bringt es fertig, die moralischen Kategorien selbst zu korrumpieren, so daß das Böse nicht nur frei von den Fesseln der Moral genossen, sondern obendrein noch für gut gehalten wird. Die Kitschorgien der Nazis, z. B. auf dem Reichsparteitag in Nürnberg, legen beredtes Zeugnis dafür ab. Wer erst einmal für die verlogenen Reinheitsideale des Kitsches gewonnen ist, wird leicht auch auf einen Wahn wie den der Rassenreinheit hereinfallen. Und wer die Welt in kitschigen Schwarz-Weiß-Kategorien sieht, wird die Fehler der eigenen Seite ignorieren und auf der anderen Seite das Reich des Bösen sehen. Deshalb war der Weg zur Gewalttat meistens mit Kitschidealen gepflastert.

Praktischer Teil

Leitfaden zur Romaninterpretation

Es ist schwer genug, ein kurzes Gedicht so zu interpretieren, daß alle seine poetischen Wirkungsmomente und alle inhaltlichen Bedeutungsaspekte vollständig in begriffliche Sprache übersetzt und damit kognitiv erschlossen werden. Bei einem Roman dürfte eine so erschöpfende Analyse gänzlich unmöglich sein. Deshalb wird der Leser, der sich einen Roman interpretierend aneignen will, seinen Blick auf die wesentlichen Punkte konzentrieren müssen. Dabei empfiehlt es sich, zuerst einmal an Hand der Titelstichwörter unserer vorangegangenen Kapitel eine Bestandsaufnahme der formalen Merkmale vorzunehmen. Die folgende »Check-Liste« mag dabei hilfreich sein.

1. Fiktionstyp:	realistisch	utopisch	
	satirisch	phantastisch	
2. Erzählform:	Bericht	Ich-Erzählung	
	Erzähler-Erzählung	personale Erzählung	
3. Erzähl-perspektive:	auktorial allwissend		
	auktorial mit eingeschränktem Wissen		
	Ich als Zentralfigur / als Augenzeuge		
	personal monoperspektivisch		
	personal multiperspektivisch		
4. Blickwinkel:	Panoramablick	personaler Blick	
	szenischer Blick	introspektiver Blick	
5. Stilhaltung:	neutral	ironisch	empathisch
		sarkastisch	pathetisch
6. Eröffnung:	Prolog	Zooming-in	
	Vorgeschichte	Personenbeschreibung	
	Ouvertüre	szenische Eröffnung	

7.	Figuren:	Typen / komplexe Charaktere archetypische Charakterstrukturen		
8.	Handlungs- aufbau:	episodisch einsträngig progressiv Entwicklung horizontaler Erzählfluß	oder oder oder oder	dramatisch mehrsträngig regressiv Desillusionierung
9.	Spannung:	Longitudinalspannung/Transversal- spannung		
10.	Schauplatz:	Ambiente / soziales Milieu atmosphärische Untermalung symbolische Kulisse		
11.	Auffällige Kunstmittel:	Leitmotive / häufig wiederkehrende Themen Zentralmotive bzw. -symbole		

Nach dieser Bestandsaufnahme der leicht erkennbaren Kunstmittel sollte man darangehen, sich von der komplexeren Struktur des Romans ein Bild zu machen. Dabei ist es meist hilfreich, wenn man zuerst versucht, eine graphische Skizze anzufertigen, indem man die einzelnen Handlungsphasen in ihrem zeitlichen Verlauf darstellt und die jeweilige Konfiguration der Charaktere in diesen Verlauf einzeichnet. Hat man auf diese Weise einen groben Überblick über die Partitur des Romans gewonnen, sollte man darin als nächstes die wechselnden Erzähltempi und den Grundrhythmus des Erzählflusses markieren, also das, was wir als Rhyth-Muster bezeichnet haben. Bis zu diesem Punkt bewegt man sich noch auf der Ebene der Beschreibung gegebener Sachverhalte. Danach muß die Interpretation im engeren Sinn einsetzen. In deren Zentrum stößt man am sichersten mit der sehr platt anmutenden Frage: Worum geht es eigentlich in dem Roman? So platt sie erscheinen mag, so schwer ist sie zu beantworten. Natürlich gibt es Möglichkeiten, die Antwort einzugrenzen. So wird man bei der Suche nach dem Zentrum des Romans davon ausgehen können, daß es etwas mit der Hauptfigur bzw. den Hauptfiguren zu tun hat und daß es aller Wahrscheinlichkeit nach am ehesten in der Nähe des Handlungshöhepunkts liegen wird. Um es aber wirklich dingfest zu machen, sollte man von Anfang an diejenigen Textstellen markieren, die ein besonderes Gewicht zu haben scheinen. Aus ihrer Abfolge ergibt sich meist eine gut erkennbare thematische Struktur. Diese zeigt sich implizit als Wiederkehr bestimmter Themen, Motive, Gedanken oder Gefühlszustände. Um sie zu explizieren, muß man als nächstes in den Themen nach einer abstrahierbaren invarianten Struktur suchen. Wenn es gelingt, diese freizulegen und in begriffliche Sprache zu übersetzen, hat man in aller Regel das zentrale Problem aufgedeckt.

Damit hat man aber zunächst nur das herausgefunden, was der Autor als seine Weltdeutung in Romanform dargestellt hat. Um aber den Roman als Kunstwerk würdigen zu können, müssen wir von dem Punkt, an dem die Weltdeutung faßbar wird, noch einmal die ganze Struktur des Erzählverlaufs aufrollen; dann erst werden wir wahrnehmen können, wie eine Aussage, die ein Philosoph abstrakt entwickelt hätte, im Romangeschehen konkret durch ein Kontinuum fiktionaler Wirklichkeit dargestellt wird. Die kognitive Einsicht, die uns der Roman vermittelt, liegt in seiner implizierten Weltdeutung. Doch der ästhetische Genuß, den er uns bereitet, wird ausschließlich durch die fiktionale Verkörperlichung dieser Einsicht bewirkt. Sie erst gibt dem Werk seinen künstlerischen Rang, dessen kritische Würdigung den Abschluß jeder Interpretation bilden sollte; denn ohne solch eine ästhetische Wertung degradiert man es zur bloßen Schale eines möglicherweise tiefsinnigen, aber nicht notwendigerweise ästhetisch wirksamen Gedankens. Wäre das Werk nur eine solche Schale, dann könnte man es nach der Freilegung der gedanklichen Aussage beiseite legen wie die Schale einer geknackten Nuß. Die charakteristische Leistungsfähigkeit der dichterischen Aussage besteht aber darin, daß sie, Werk und damit gleichsam Körper geworden, viel umfassen-

der und tiefgreifender ist als in Gestalt des freigelegten Skeletts. Während der Philosoph und der Wissenschaftler immer nur ja oder nein sagen kann, hat der Dichter die Möglichkeit, ja und nein zur gleichen Zeit zu sagen. Daß diese ambivalente Form der Wahrheitsaussage der Lebenswirklichkeit der Menschen näherkommt als eine philosophische Problemanalyse, wird dadurch erhärtet, daß der moderne Mensch selbst in den ältesten Dichtungen noch etwas von seiner existentiellen Situation wiederfindet, während die Problemanalysen der Philosophen oft schon bald nach ihrer Veröffentlichung als unbefriedigend empfunden werden, so daß jede nachfolgende Generation sich herausgefordert fühlt, neue Antworten zu versuchen.
Im folgenden wird an neun Beispielen der Blick auf jenen inneren Kern gelenkt, der durch die Interpretation freigelegt werden soll. Da wir dabei aber aus Platzgründen die ganze vorausgegangene Formanalyse aussparen müssen, wollen wir jetzt am Beispiel von Thomas Manns *Buddenbrooks* die Abfolge der einzelnen Schritte noch einmal kurz konkretisieren.

Buddenbrooks. Verfall einer Familie

> »Was ist das. – Was – ist das . . .« »Je, den Düwel ook, c'est la question, ma très chère demoiselle!« Die Konsulin Buddenbrook, neben ihrer Schwiegermutter auf dem geradlinigen, weiß lackierten und mit einem goldenen Löwenkopf verzierten Sofa, dessen Polster hellgelb überzogen waren, warf einen Blick auf ihren Gatten, der in einem Armsessel bei ihr saß, und kam ihrer kleinen Tochter zu Hilfe, die der Großvater auf den Knien hielt. »Tony!« sagte sie, »ich glaube, daß mich Gott –«
>
> (Eröffnungsszene)

1. Fiktionstyp:

Spätestens nach dem dritten Satz weiß der Leser, daß er es mit einem realistischen Roman zu tun hat. Ein utopischer Roman, der eine normative Wirklichkeit hätte zeigen wollen, würde das Wohnzimmer der Konsulin nicht mit solch individualisierten Details beschreiben; ein satirischer würde entweder eine exzentrische Abweichung von jeglicher Norm oder eine »zentrische« Überbetonung der bürgerlichen Geschmacksnorm vornehmen; und ein phantastischer Roman hätte den Bezug zur vertrauten Welt des Großbürgertums von Anfang an vermieden.

2. Erzählform:

Ebenso schnell läßt sich die Erzählform als Erzähler-Erzählung identifizieren. Für einen Bericht sind bereits die ersten beiden Sätze zu szenisch angelegt. Auch eine Ich-Erzählung wird man nicht erwarten, da sich der beobachtende Erzähler dann erst einmal hätte vorstellen müssen. Und gegen die personale Erzählform spricht, daß die Eröffnungsszene aus einer Außenperspektive gesehen wird. Keines der genannten Details wäre von einem der anwesenden Familienmitglieder mit solcher Aufmerksamkeit wahrgenommen worden, da diesen ja alles vollkommen vertraut sein müßte.

3. Erzählperspektive:

Ganz offensichtlich haben wir einen auktorialen, d.h. allwissenden Erzähler vor uns, der aber von seinem Allwissen zurückhaltenden Gebrauch machen wird, da er von Anfang an als Beobachter, nicht als Kommentator auftritt.

4. Blickwinkel:

Die szenische Eröffnung läßt auf einen verhältnismäßig engen Blickwinkel mit naher Distanz zum Erzählten schließen, wobei allerdings die Beschreibung im dritten Satz zeigt, daß der Autor nicht zögert, auf Distanz zu gehen, um einen größeren Raum in den Blick zu fassen. Folglich werden wir eine variable Optik erwarten, die sowohl szenisch als auch panoramisch eingestellt sein kann.

5. Stilhaltung:

Der eigentümliche Wechsel zwischen Hochdeutsch, Plattdeutsch und Französisch und die vom Leser sicher ganz und gar nicht erwartete Katechismus-Antwort auf die banale Eingangsfrage »Was ist das« geben der Erzählung von Anfang an jene charakteristische Diskrepanz zwischen Gesagtem und Gemeintem, die das Wesen von Ironie ausmacht. Allerdings wird man von einem so nuanciert beschreibenden Autor eine ebenso nuancierte Ironie erwarten.

6. Eröffnung:

Wie schon gesagt, haben wir ein typisches Beispiel einer szenischen Eröffnung vor uns, bei der dem Leser das Gefühl vermittelt wird, als ginge vor ihm ein Vorhang auf und als könne er nun wie auf der Bühne eine Geschichte vor sich ablaufen sehen.

Nachdem wir den Roman zu Ende gelesen haben, können wir auch den Rest unserer Check-Liste abhaken.

7. Figuren:

Alle zentralen Charaktere werden mit einer gewissen, wenn auch unterschiedlichen Komplexität ausgestattet, während die Nebenfiguren eher typische, skurrile oder satirisch überzeichnete Züge tragen. Dies entspricht den Erwartungen, mit denen man an einen realistischen Roman herangeht. Auf die thematische Funktion der Figuren wird noch einzugehen sein.

8. Handlungsaufbau:

Schon der Untertitel des Romans läßt erwarten, daß er keine auf einen dramatischen Höhepunkt zulaufende Handlung haben wird, sondern den absteigenden Verlauf eines Desillusionierungsromans. Wollte man den Verlauf dieser Familiengeschichte gliedern, so würde man als die entscheidenden Einschnitte wohl die Abfolge negativer Ereignisse, nämlich die Todesfälle und die auseinanderbrechenden Ehen, ansehen. In diese Grobgliederung fügen sich dann alle weiteren Anzeichen eines unaufhaltsamen Niedergangs ein, wobei auch die wenigen nur schwach entwickelten Nebenhandlungen als Teile der Gesamtbewegung erscheinen.

9. Spannung:

Die Abwärtsbewegung des gesamten Geschehens weckt im Leser einerseits Befürchtung, läßt ihn andererseits aber doch immer wieder hoffen, daß eine Wende zum Besseren eintreten möge. In dieses Schema einer auf kathartische Trauer angelegten Longitudinalspannung ist das Schema einer Transversalspannung eingewoben, das entscheidend mit dem thematischen Zentrum des Romans zu tun hat. Es handelt sich dabei um einen Gegensatz, der dem Leser schon nach wenigen Kapiteln klarwerden dürfte, nämlich den Gegensatz zwischen den beiden Polen der bürgerlichen Gesellschaft: Ökonomie und Kultur. Am Anfang erscheinen die beiden Wertorientierungen noch in einträchtiger Koexistenz, was bereits in den ersten Sätzen zum Ausdruck kommt. Der alte Konsul hat französische Bildung und wurzelt zugleich in seiner plattdeutschen Provinz. Diese Welt einer bürgerlich saturierten provinziellen Urbanität scheint noch völlig in Ordnung zu sein. Doch im Verlauf der Handlung wird der Abstand zwischen Ökonomie und Kultur immer größer, bis schließlich die beiden Welten auseinanderbrechen. Die anfangs grundsolide und saturierte Kaufmannswelt verwandelt sich in ein erbarmungsloses Wettbewerbssystem; und die anfangs noch in die Gesellschaft eingebettete Kultur wird mehr und mehr zu einer Sphäre überfeinerter Geistigkeit, die der harten Welt des Wettbewerbs nicht gewachsen ist und an den Rand der Gesellschaft gedrängt wird.

10. Schauplatz:

Fast die gesamte Handlung spielt sich im hanseatischen Milieu Lübecks ab. Es dient einerseits der historischen und sozialen Einbettung der Figuren und des Geschehens, ist aber gleichzeitig auch als ein das Geschehen beeinflussender Faktor Milieu im engeren Sinn des Wortes. Am Anfang erscheint die Hansestadt als das gesunde Zentrum einer festgefügten Welt. Sie unterhält Beziehungen nach London, Amsterdam und Übersee ebenso wie zur ländlichen Küstenregion an der nahen Ostsee. Regelmäßige Erholungsreisen dorthin geben dem Buddenbrookschen Leben einen natürlichen Rhythmus, eine Art atmenden Wechsel zwischen Stadt und Land. Später werden diese Reisen eingestellt. Nur Hanno wird seiner schwächlichen Gesundheit wegen noch an die See geschickt. Jetzt erscheint die Stadt nicht länger in den freundlichen Farben behäbiger Saturiertheit, sondern nur noch als ein von latenten Krisen beherrschtes gesellschaftliches Milieu. Und als sie am Schluß noch einmal in Ausschnitten beschrieben wird, erscheint sie in winterlichem Grau. So hat der Schauplatz über die Rolle des Milieus hinaus auch die Funktion, atmosphärisch den Niedergang der Familie zu untermalen. Von einer symbolischen Spannung zwischen Stadt und Land wird man allerdings nicht sprechen können. Dies wäre mit der Grundspannung des Romans auch kaum vereinbar. Thomas Mann geht es nicht um den so oft von Spätromantikern thematisierten Gegensatz von Natur und Menschenwelt, sondern um die Spannung innerhalb der letzteren, nämlich die zwischen Kunst und Gesellschaft.

11. Auffällige Kunstmittel:

Wiederkehrende Situationen sind vor allem Todesfälle und scheiternde Ehen. Ebenso beharrlich kehrt der Gegensatz zwischen Kaufmannstum und Künstlertum wieder, wobei vor allem die ironische Brechung auffällt, wenn z.B. Christian Buddenbrook einerseits als künstlerisch veranlagter Mensch, andererseits aber als lebensuntüchtiger Schwächling vorgeführt wird, der auch für die Kunst nicht genügend Talent und Willenskraft besitzt. Ein anderes Beispiel ironischer Brechung ist die Tatsache, daß der Autor ausgerechnet den Kaufmannssohn Hanno als künstlerisch überfeinerte und insofern dekadente Persönlichkeit zeigt, während der kleine Graf Mölln, der Abkömmling eines verarmten, heruntergekommenen Grafengeschlechts, als ein wildes Naturkind dargestellt wird.

Mit dem zuletzt Gesagten sind wir an dem Punkt, von dem aus wir das zentrale Thema des Romans nun noch einmal aufrollen müßten. Jetzt wäre zu untersuchen, wie das schrittweise und unaufhaltsame Auseinanderbrechen von Kultur und Ökonomie in der anfangs scheinbar grundsoliden Bürgerwelt voranschreitet und wie dieser Desintegrationsprozeß dargestellt wird. Am Schluß hat sich die Kultursphäre in Gestalt des hochmusikalischen, aber lebensuntüchtigen kleinen Hanno ganz in die Innerlichkeit zurückgezogen. Damit hat Thomas Mann in bitterer Selbstironie seine eigene prekäre Situation als Künstler bloßgelegt, ohne für eine der beiden Seiten eindeutig Partei zu ergreifen. Nur die Sympathie heischende Darstellung Hannos läßt den Leser fühlen, daß der Roman nicht nur der ironisch distanzierte Abgesang auf eine hanseatische Kaufmannswelt ist, die von der modernen Wettbewerbsgesellschaft überrollt wird, sondern auch die Klage darüber, daß in einer solchen Gesellschaft die Kunst nur als eine höchst labile, für jeden Frosthauch anfällige, liebenswerte und zugleich fragwürdige Blüte existieren kann.

Der Roman als Prosagedicht
Johann Wolfgang Goethe:
Die Wahlverwandtschaften *(1809)*

> So ruhen die Liebenden nebeneinander. Friede schwebt über ihrer Stätte, heitere, verwandte Engelsbilder schauen vom Gewölbe auf sie herab, und welch ein freundlicher Augenblick wird es sein, wenn sie dereinst wieder zusammen erwachen.

Wenn ein neugieriger Leser, der die Gewohnheit hat, zuerst einen Blick auf die letzte Seite eines Romans zu werfen, diesen Schlußsatz liest, wird er vermutlich eine sentimentale Liebesromanze, womöglich gar einen Schmachtfetzen erwarten. Es ist aber der Schlußsatz des artifiziellsten und kalkuliertesten Romans der deutschen Literatur, nämlich der *Wahlverwandtschaften* von Goethe. Ein Liebesroman ist es dennoch, wenngleich durchaus keine sentimentale Romanze, sondern im Gegenteil ein mit der Präzision einer chemischen Reaktion ablaufendes Experiment in menschlicher Liebe.
Am Anfang des Romans wird uns ein schon etwas reiferes Ehepaar vorgestellt, das mit ausgedehnten Gärtnerarbeiten beschäftigt ist. Er heißt Eduard, sie Charlotte. Schon in der ersten Szene macht Eduard seiner Frau den Vorschlag, seinen alten Freund, den Hauptmann, auf ihren Landsitz einzuladen. Charlotte zögert, bringt Einwände vor, ist dem Gedanken sichtlich abgeneigt. Im zweiten Kapitel kommt sie selbst auf Eduards Bitte zurück und fügt ihr den eigenen Vorschlag hinzu, dann auch ihre Nichte Ottilie, die sie in ein Mädchenpensionat gegeben hatte, zu sich ins Haus zu nehmen. Der Vorschlag wird angenommen, die vier Personen treffen in dem idyllischen Landhaus zusammen, und das Geschehen nimmt seinen Lauf. Vom ersten Satz an liegt eine Atmosphäre von gläserner Künstlichkeit über dem Roman. So beschreibt z. B. der Gärtner seinem Herrn die Landschaft der Umgebung so, als sähe dieser sie zum ersten Mal. Wenig später gibt Charlotte ihrem Mann ein Resümee ihrer gemeinsa-

men Vergangenheit, als hätte dieser sie aus irgendeinem Grunde vollkommen vergessen. Natürlich sind die dadurch übermittelten Informationen für den Leser bestimmt. Hätte Goethe einen realistischen Roman schreiben wollen, dann müßte man in beiden Fällen von einer plumpen, höchst ungeschickten Erzählweise sprechen. Offenbar lag ihm aber nichts daran, den Leser in die Illusion zu versetzen, als beobachte er durchs Schlüsselloch eine fingierte Wirklichkeit. Statt dessen schuf er eine Situation, bei der vier Personen in einen genau definierten Kontext gestellt werden, in dem sie wie chemische Substanzen unter kontrollierten Bedingungen miteinander reagieren, wobei der Leser nicht in die Rolle des heimlichen Zeugen, sondern in die des öffentlichen Beobachters eines Experiments versetzt werden soll.

Das hier verwendete Gleichnis aus der Chemie ist keineswegs an den Haaren herbeigezogen. Im Gegenteil, es wird bereits durch den Titel vorangestellt, und Goethe selbst führt es im vierten Kapitel detailliert aus. Dort erläutert der Hauptmann die chemischen Vorgänge einer Austauschreaktion. Wenn eine Verbindung aus A und B mit einer Verbindung aus C und D zusammentrifft und zwischen A und D einerseits und B und C andererseits eine stärkere Anziehungskraft besteht, dann wird sich A mit D und B mit C binden. In der Chemie spricht man von Affinität. Zu Goethes Zeiten war dafür gerade der Begriff Wahlverwandtschaft aufgekommen. Nachdem der Hauptmann den Vorgang im obigen Sinn erläutert hat, bezieht ihn Eduard scherzhaft auf die Anwesenden:

> »Nun denn!« fiel Eduard ein; »bis wir alles dieses mit Augen sehen, wollen wir diese Formel als Gleichnisrede betrachten, woraus wir uns eine Lehre zum unmittelbaren Gebrauch ziehen. Du stellst das A vor, Charlotte, und ich dein B; denn eigentlich hänge ich doch nur von dir ab und folge dir wie dem A das B. Das C ist ganz deutlich der Kapitän, der mich für diesmal dir einigermaßen entzieht. Nun ist es billig, daß, wenn du nicht ins

Unbestimmte entweichen sollst, dir für ein D gesorgt werde, und das ist ganz ohne Frage das liebenswürdige Dämchen Ottilie, gegen deren Annäherung du dich nicht länger verteidigen darfst.«

(1. Teil, 4. Kapitel)

An dieser Stelle weiß der Leser längst, daß C und D der Hauptmann und Ottilie sein werden und daß Eduard mit seiner wenngleich falschen Deutung dennoch, ohne es zu wissen, auf tragisch-ironische Weise etwas andeutet, was mit bitterem Ernst über ihn selbst hereinbrechen wird. Wie künstlich und ohne alle Rücksicht auf realistische Wahrscheinlichkeit Goethe die Ausgangssituation seines chemischen Experiments konstruiert hat, zeigt sich an fast jeder Einzelheit, besonders auffällig an den Namen der vier Personen. Der Hauptmann heißt Otto. Eduard hieß ursprünglich genauso, nahm aber, um den Verwechslungen mit dem Freunde ein Ende zu machen, seinen jetzigen Namen an, der ihm, wie man erfährt, außerdem auch viel besser gefiel. Charlotte und Ottilie enthalten ebenfalls das Element Ott- in ihren Namen. Otto ergibt vorwärts und rückwärts gelesen das gleiche. Damit erscheint er wie ein chemisch sehr stabiles und infolgedessen reaktionsträges Element. Ein solches Element hat es andererseits besonders schwer, eine feste Verbindung mit einem anderen einzugehen, was vor allem dann problematisch wird, wenn eine solche Verbindung lebensnotwendig ist. Dies ist zum Beispiel bei dem später geborenen Kind Charlottes der Fall, das ebenfalls auf den Namen Otto getauft wurde. Das Neugeborene bedarf einer festen Bindung, um überhaupt im Leben gehalten zu werden. Dieses Kind aber hat – symbolisch gesprochen – keine solche »chemische« Bindungsfähigkeit und gleitet infolgedessen ohne Halt aus dem Leben: es ertrinkt. Charlotte hat das männliche Element Karl in ihrem Namen und außerdem den dunklen Vokal, so daß auch sie dadurch als eine trägere chemische Substanz charakterisiert wird. Ottilie erhält durch die hellen Vokale und die Assoziation mit Lilie etwas Weibliches und Leichtbewegtes, weckt aber auch die Vorstellung von lilienhafter Reinheit. Das instabilste Element ist offensichtlich Eduard, der sogar seinen Namen Otto aufgegeben hat. Er ist der, der zuerst von dem neuen Partnerelement aus seiner alten Bindung gerissen und in eine neue hineingezogen wird. Im Verlauf der Erzählung entwickelt sich nun alles so, wie es der Leser von Anfang an ahnt. Eduard verfällt in leidenschaftlicher Liebe Ottilie, Charlotte fühlt sich auf weniger leidenschaftliche Weise zum Hauptmann hingezogen. Die jeweiligen Partner erwidern die Neigung, ohne daß es zu einem Ehebruch oder auch nur zu nennenswerten Unschicklichkeiten kommt. Der Ehebruch findet vielmehr paradoxerweise zwischen den Ehepartnern im Ehebett statt. Beide, in ihren Gefühlen durch die Anziehung der außerehelichen Partner aufgerührt, lieben sich, während jeder dabei an den abwesenden Geliebten denkt. In dieser Nacht zeugen sie ein Kind, das einem doppelten Ehebruch im Geist entstammt. Bald nachdem es geboren ist, zeigt es eine immer auffälliger werdende Ähnlichkeit sowohl mit dem Hauptmann als auch mit Ottilie. An dem Punkt, an dem Eduard die doppelte Ähnlichkeit und damit den doppelten Ehebruch erkennt und ausspricht, hat sich die Situation so weit entwickelt, daß einer Scheidung und der Verbindung der wahlverwandten Partner nichts mehr im Wege steht. Doch exakt an diesem Punkt, als Ottilie, unter Vorbehalt der Einwilligung Charlottes, Eduard ihr Jawort gegeben hat, will sie mit dem Kind in einem Boot einen Teich überqueren, kentert dabei, und das Kind ertrinkt. Das Schicksal hat gesprochen und hat alle vier, wenngleich in unterschiedlichen Abstufungen, schuldlos schuldig werden lassen. Sie hatten in bester Absicht und mit größter Rücksicht auf ihre Partner versucht, ihr Leben zu einem höheren Glück umzukonstruieren. Sie wollten damit ihr Schicksal selbst in die Hand nehmen und werden von diesem dafür grausam bestraft. Jetzt bleibt ihnen allen nur Entsagung. Ottilie, die rührendste der vier Gestalten, spricht es aus:

»Ich bin aus meiner Bahn geschritten, und ich soll nicht wieder hinein. Ein feindseliger Dämon, der Macht über mich gewonnen, scheint mich von außen zu hindern, hätte ich mich auch mit mir selbst wieder zur Einigkeit gefunden.«

(2. Teil, 17. Kapitel)

Und doch kommt es nach dem Unglück zwischen Eduard und Ottilie zu einer ganz unsinnlichen, von Heiligkeit umwehten Unio mystica. Wenn sie in einem Raum miteinander sind, »waren es nicht zwei Menschen, es war nur Ein Mensch im bewußtlosen, vollkommnen Behagen, mit sich selbst zufrieden und mit der Welt« (ebd.). Bald darauf stirbt Ottilie und wird in einer Kapelle beigesetzt, die mit Engelsbildern ausgeschmückt ist; sie tragen alle ihre Züge, da der Architekt, der sie malte, ganz ihrem Reiz erlegen war. Eduard stirbt ihr wenig später nach. Charlotte setzt ihn neben der Geliebten bei. Dann folgt der eingangs zitierte Schlußsatz.

Warum mußte das chemische Experiment so traurig ausgehen? Es konnte nicht aufgehen, weil ihm ein Goethesches Weltprinzip fehlte, nämlich das des Gegensatzes, das Prinzip von Polarität und Steigerung. Goethe sah im Widerstreit polarisierter Gegensätze, die sich zu immer höheren Ausprägungen ihres Wesens emporsteigern, ein der Welt innewohnendes evolutionäres Urprinzip. Die vier Elemente seiner chemischen Austauschreaktion versuchen, nur ihrer Wahlverwandtschaft, ihrer Affinität zu folgen. Sie wollen ein vollkommenes Glück konstruieren und das Dämonische ausklammern. Doch gerade dieses verwandelt sich damit in etwas Feindliches, bricht in ihr Glück ein und zerstört es. Gleichzeitig treibt es nun Ottilie und Eduard zu einer aufs äußerste gesteigerten heiligen Liebe empor, die aber nicht mehr in dieser Welt zu verwirklichen ist. Um diese Problemsicht deutlich zu machen, hat Goethe in den Roman eine kurze Novelle eingebettet, die den Titel »Die wunderlichen Nachbarskinder« trägt. Sie handelt von einem Jungen und

einem schönen Mädchen, die sich als Nachbarskinder aus uneingestandener Liebe leidenschaftlich befehden, obwohl ihre Eltern sie eigentlich für einander bestimmt hatten. Schließlich geben die Eltern den Plan auf, der Junge verläßt den Ort und kehrt erst wieder, als die Hochzeit des Mädchens mit einem anderen Mann gefeiert werden soll. Kurz vor der Hochzeit macht er mit ihr und einer bunten Festgesellschaft eine Bootsfahrt, bei der sie aufspringt, ihm für immer adieu sagt und sich ins Wasser stürzt, da sie sich inzwischen in plötzlicher Liebe zu ihm verzehrt. Er springt hinterher, rettet sie und bringt sie auf eine Insel, wo sie bei einem frischvermählten Bauernpaar Aufnahme finden. Da die Bauersleute dem triefenden Paar nichts anderes als ihre abgelegten Hochzeitskleider anzubieten haben, werden sie beide als Brautleute eingekleidet. Da landet das Boot mit den Angehörigen der beiden, die nach den vermeintlich Ertrunkenen suchen. Als den Eltern zwei Brautleute entgegenkommen, erkennen sie, daß das Schicksal es so gefügt hat, wie sie es sich selber von Anfang an erhofft hatten.
Der Grund, weshalb das Schicksal den wunderlichen Nachbarskindern so gnädig ist, während es Eduard und Ottilie so hart straft, liegt nach Goethes Weltsicht darin, daß die Nachbarskinder sich von ihrem Dämon zum fruchtbaren Widerstreit antreiben lassen, ohne den Versuch zu machen, ihr Schicksal zu manipulieren. Sie planen und kalkulieren nicht, sondern trotzen den äußeren Gewalten und machen sich ihren Dämon gerade dadurch geneigt, daß sie einem leidenschaftlichen Impuls spontan nachgeben und dabei sogar ihr Leben riskieren; gerade das aber ruft nach Goethe »die Arme der Götter herbei«, wie er es in seinem bekannten Spruchgedicht »Feiger Gedanken bängliches Schwanken« ausdrückt. Doch die Einlage erschöpft sich nicht in der Funktion dieses utopischen Gegenentwurfs zur Romanhandlung. Unmittelbar nach dem Ende der Novelle heißt es von Charlotte, daß sie »höchst bewegt« war; »denn die Geschichte war ihr bekannt. Diese Begebenheit hatte sich mit dem Hauptmann und einer Nachbarin wirklich zugetragen, zwar nicht ganz

wie sie der Engländer erzählte, doch war sie in den Hauptzügen nicht entstellt, nur im einzelnen mehr ausgebildet und ausgeschmückt« (2. Teil; 11. Kapitel). Wie aber ist das möglich? Nach den Angaben in der Novelle kann der Hauptmann nur der glückliche Bräutigam am Schluß gewesen sein; doch im Roman wird mit keinem Wort erwähnt, daß er verwitwet oder geschieden sei. Angedeutet wird allerdings bereits im 4. Kapitel des 1. Buches, wo Eduard von der Gefahr des Ertrinkens spricht, »daß ein solcher Fall in dem Leben seines Freundes auf die seltsamste Weise Epoche gemacht« habe. Einige Kritiker haben daraus den Schluß gezogen, daß die Geschichte anders, nämlich mit dem Tode des Mädchens, ausgegangen sein müsse. Das wäre aber von seiten Goethes eine grobe Irreführung des Lesers; denn dann durfte er unmöglich aus der Sicht Charlottes sagen, daß die Begebenheit »in den Hauptzügen nicht entstellt« sei. Die einzige plausible Deutung scheint uns die zu sein, daß zwar die »Begebenheit« der Novelle sich tatsächlich so zugetragen hat, nur mit einer geringfügigen, aber folgenschweren Zeitdifferenz: das Mädchen war nämlich zum Zeitpunkt seiner Rettung bereits verheiratet. Dies würde dem Wortlaut des Textes in keinem Punkt widersprechen. Die Novelle endet zwar damit, daß das gerettete Paar um den Segen der Eltern bittet, doch ob sie ihn erhalten, bleibt offen. Es heißt dort am Schluß sibyllinisch:

> »Euren Segen!« ertönte es zum drittenmal, und wer hätte den versagen können!

Die Antwort kann nur lauten: kein Mensch, aber das Schicksal. Und die dreimalige Wiederholung der Bitte scheint das Schicksalhafte daran bereits anzukündigen.

Diese Deutung würde der Figur des Hauptmanns schlagartig die Rolle im System des Romans zuweisen, die auf Grund seiner Lebensumstände bereits vorgezeichnet war. Wir sagten am Anfang, daß er schon durch seinen Namen als ein gleichsam gesättigtes, bindungsträges Element in die chemische Reaktion des Romans eingeht. Genau das ist sein Problem. Er ist der männlich-stabilste der vier Charaktere. Aber er hat es sein ganzes Leben hindurch nicht zu einer festen Einbettung ins Leben gebracht, weil er zu besonnen war, um sich seinem Dämon anzuvertrauen. Er sprang als mutiger Mann ins Wasser, um das Mädchen zu retten; aber er hatte nicht den jünglingshaften Mut, schon vorher den Liebeskampf mit ihr aufzunehmen. Von Eduard heißt es im 7. Kapitel des 1. Buches: »Eduard hatte bei zunehmenden Jahren immer etwas Kindliches behalten.« Deshalb muß er am Leben scheitern. Der Hauptmann aber, dessen ausgereifte Männlichkeit immer wieder betont wird, ist keineswegs, wie es von der Kritik oft angenommen wird, der positive Gegenpol. Er ist zwar der vollentwickelte Mann, aber ihm fehlt das jünglingshafte Vertrauen in seinen Dämon. Seine Besonnenheit bewahrt ihn vor Unglück, aber sie verstellt ihm zugleich auch den Weg zum Glück. So bewahrt er sich selbst, bleibt aber ohne Bindung. Diese Deutung scheint am ehesten dem »System« des Romans einerseits und der Funktion der Novelle andererseits gerecht zu werden. Die Nachbarskinder in der nur leicht abgewandelten Wiedergabe der Begebenheit zeigen in einem utopischen Gegenentwurf an, wie das positive Weltverhalten aussehen müßte. Dieses aber wird von den vier Personen der Haupthandlung verfehlt, weil sie alles bewußt darauf anlegen, das Dämonische aus ihrem Leben auszugrenzen. Sie sind unentwegt damit beschäftigt, das Land zu kultivieren, dem Teich seine Gefährlichkeit zu nehmen und jede Stolperstelle auf den Spazierwegen am Hang zu glätten. Eben diese übervorsichtige Mutlosigkeit verwandelt den wohltätigen Dämon in einen feindlichen. Gleich am Anfang hat Charlotte, als Eduard ihr die Einladung des Hauptmanns vorschlägt, ein Gefühl, »daß eine Ahnung mir nichts Gutes weissagt«. Doch folgt sie weder mit Entschiedenheit ihrem Gefühl, noch ringt sie sich mit Entschiedenheit zur Einladung des Hauptmanns durch, sondern schließt mit Eduard einen Handel ab: er darf den Hauptmann, sie darf Ottilie einladen. Dabei erfährt der Leser, daß Charlotte sich schon einmal, noch vor ihrer Ehe,

ähnlich planend und berechnend erwiesen hatte. Damals hatte sie den Hauptmann angestiftet, seinen Freund Eduard auf Ottilie aufmerksam zu machen. Wollte sie, vielleicht unbewußt, schon damals den Hauptmann für sich gewinnen? Der Roman gibt darüber keine Auskunft, aber er zeigt uns in Charlotte und dem Hauptmann zwei Menschen, die keinem spontanen Gefühl vertrauen, sondern alles wohlüberlegt tun wollen. Gerade das aber stürzt sie ins Unglück, so wie gerade in ihrer Gartenlandschaft, in der sie alle Gefahrenquellen beseitigt hatten, ein harmloser Teich zum Ertrinken des Kindes führt, während die wunderlichen Nachbarskinder sich aus einem reißenden Fluß retten können.
Die Novelle wird von dem Begleiter eines englischen Lords erzählt, den Goethe mit absichtsvoller Zufälligkeit in das Haus Eduards führt. Der Lord selbst sagt eine Reihe bedeutender Sätze, die zuweilen wie eine Deutung des oben beschriebenen Fehlverhaltens klingen.

> »Gewiß, wir machen viel zu viel vorarbeitenden Aufwand aufs Leben. Anstatt daß wir gleich anfingen, uns in einem mäßigen Zustand behaglich zu finden, so gehen wir immer mehr ins Breite, um es uns immer unbequemer zu machen.«
>
> (2. Teil, 10. Kapitel)

Diesem Satz folgt wenig später aus dem Munde des Lords ein Plädoyer für die Dauer im Wechsel durch dauernden Wechsel.

> »Nun glaub ich«, sagte er, »auf dem rechten Wege zu sein, da ich mich immerfort als einen Reisenden betrachte, der vielem entsagt, um vieles zu genießen. Ich bin an den Wechsel gewöhnt, ja er wird mir Bedürfnis [. . .]; es mag so gut oder so schlimm sein, als es will, nirgends find ich das Gewohnte, und am Ende läuft es auf eins hinaus, ganz von einer notwendigen Gewohnheit oder ganz von der willkürlichsten Zufälligkeit abzuhangen.«
>
> (Ebd.)

Neben dem Lord wird noch eine zweite Person den vier Hauptfiguren als Gegenpol gegenübergestellt: Charlottes Tochter aus erster Ehe, Luciane. Sie ist ein Wirbelwind, ganz und gar unheilig, ohne dabei böse zu sein. Mit allen treibt sie ihren Schabernack, läßt die Menschen um sich herum wie die Affen tanzen, ist eifersüchtig, gereizt und gleich darauf wieder großzügig und mitfühlend. Sie wird keineswegs als moralische Norm dargestellt, aber sie markiert im Roman eine lebendige Mitte, aus der immer wieder neues Leben quillt. Ein besonderer Zug an ihr ist ihr Geist des Widerspruchs. Gerade den hat sie mit dem Mädchen in der Novelle gemein.

In seinem Gedicht »Urworte. Orphisch« formuliert Goethe fünf Urworte; zwei davon sind »Das Zufällige« und »Nötigung«, die beide im Zentrum der Überlegungen des Lords stehen. »Liebe« und »Hoffnung« sind zwei weitere. Das erste aber, das er nennt, heißt »Dämon«. Goethe glaubte, daß der Mensch, wenn er sein Lebensschiff zwischen der unerbittlichen Notwendigkeit einerseits und dem blinden Zufall andererseits hindurchsteuern will, sich lebensbejahend seinem Dämon anvertrauen müsse, jenem dunklen Gesetz, das die Möglichkeiten jedes einzelnen von Geburt an vorgezeichnet hat. Dazu aber bedarf er der Liebe und der Hoffnung. Eduard und Charlotte sind verzagte Menschen, die sich zuerst mutlos den Wünschen ihrer Eltern unterwarfen und danach zuviel »vorarbeitenden Aufwand aufs Leben« trieben. Der Hauptmann ist tatkräftig, aber ohne den Mut, sich in der Liebe preiszugeben. Nur Ottilie ist offen für das Dämonische. Da sie aber in eine Welt hineingestellt ist, in der alle damit beschäftigt sind, das Dämonische auszugrenzen, ist für ihren Dämon kein Platz in dieser Welt. Darum erscheint er als ein feindlicher und trägt sie, wie sie selber sagt, »aus der Bahn«. Aber er läßt sie nicht fallen, sondern hebt sie empor als Heilige. Der Lord und Luciane zeigen, wie der Mensch auf irdisch-vitale Weise sich im Leben halten kann, ohne sich in den Vorarbeiten aufs Leben zu verausgaben und ohne aus der Bahn getragen zu werden.

In den hier skizzierten Aufriß hat Goethe zahlreiche Einzelmotive und -symbole eingewoben, die den Roman mit einem dichten Gewebe von Längs- und Querverweisen durchziehen. Der Garten, das Wasser, der Tod durch Ertrinken und die Errettung davor, gestellte und gemalte Bilder, das Medaillon, das Ottilie am Hals trägt: alles dies sind planvoll eingesetzte Elemente in einem Symbolteppich von äußerster Künstlichkeit. Eine erschöpfende Interpretation müßte wohl einen vielfachen Umfang des Romans haben. Und am Ende würde man feststellen müssen, daß der Roman keine wirklich faßbare, eindeutige Aussage hat. Seine Wahrheit liegt darin, daß er das Dämonische der Welt aufzeigt, das Janusgesicht des Schicksals, das feindlich oder gnädig sein kann. Nur in einem Punkt bleibt er und damit Goethe sehr bestimmt: er erteilt dem Glauben an die Planbarkeit des Lebens eine Absage.

Nach Goethe lebt derjenige gut und richtig, der sich in den polaren Spannungen des Daseins hoffnungsvoll seinem Dämon anvertraut und sich durch die Liebe zu immer höheren Steigerungen emportragen läßt. Und der verfehlt sein Leben, der ängstlich versucht, die Polaritäten durch planende Maßnahmen zu vermitteln. Goethe läßt diese zentrale Negativaussage als personifizierte Allegorie im Roman auftreten, nämlich in Gestalt Mittlers. Schon sein Name signalisiert, daß er erstens eine Position in der Mitte des thematischen Geschehens einnimmt und daß er zweitens einer ist, der Gegensätze zu vermitteln sucht. Er ist ein Aufklärer, stets voll guten Willens bemüht, eine gefährliche Situation durch Vernünftigkeit zu entschärfen. Es wäre sicher unzutreffend, ihn als satirische Parodie auf die Aufklärung anzusehen, aber im thematischen Gefüge des Romans vertritt er eine Haltung, durch die er dieser Deutung sehr nahekommt. Er ist vollkommen blind für das Dämonische, hat stets wohlfeile Ratschläge bereit und ist entschlossen, »in keinem Haus zu verweilen, wo nichts zu schlichten und nichts zu helfen wäre« (1. Teil, 2. Kapitel). Und doch geraten ihm seine wohlmeinenden Hilfsaktionen stets zu Taktlosigkeiten, und er richtet nichts als Unheil an. Leben ist für Goethe Atmen, Pulsieren, ein Wechsel von Systole und Diastole. (Immer wieder hat er diese beiden medizinischen Bezeichnungen der Pumptätigkeit des Herzens als Metaphern verwendet.) Deshalb müssen Gegensätze sich frei entfalten, um sich, zumal in der Liebe, zu immer höheren Steigerungen des Lebens emporzutreiben. Wer sie wie Mittler durch Vermittlung aufzulösen versucht, tötet ihre lebensspendende dämonische Kraft.

Wie realistisch muß ein realistischer Roman sein? *Charles Dickens:* Große Erwartungen *(1860/61)*

Das Vordergründigste an einem Roman ist die Handlung. Für die meisten Leser ist es das, weswegen sie ihn überhaupt lesen. Gerade darum werden Autoren, die der Handlung große Bedeutung beimessen, von der Kritik mißtrauisch und meist auch mißbilligend betrachtet. Dickens, der erfolgreichste und meistkopierte englische Erzähler des 19. Jahrhunderts, hatte zwar eine begeisterte Leserschaft, mußte sich aber von der Kritik immer wieder seinen Hang zu sensationellen und jeder Wahrscheinlichkeit hohnsprechenden Handlungsverknüpfungen vorwerfen lassen. Ohne Zweifel ist das Handlungsgefüge das am leichtesten nach konfektionierten Mustern zu gestaltende Element eines Romans, das mit billigsten Effekten dem Leser eine oberflächliche Befriedigung bereiten kann, auf die man das Wort Kunstgenuß schwerlich anwenden würde. Manche Romanformen hängen so vollständig von der Handlung ab, daß sie sich in ihr nahezu erschöpfen. Dies gilt vor allem für den Detektivroman. Aber selbst bei dieser Form hat ein großer Schriftsteller die Möglichkeit, die Aufklärung eines Verbrechens so zu gestalten, daß daraus eine Parabel der Wahrheitssuche oder des Kampfes gegen das Böse werden kann. Das gleiche gilt für den Abenteuerroman. Joseph Conrad hat sich nicht

gescheut, die trivialen Versatzstücke exotischer Kulissen und abenteuerlicher Dschungelkämpfe so zu verwenden, daß sie zu wesentlichen Bestandteilen existentieller Krisenerlebnisse seiner Romanhelden werden. Und selbst der »gotische« Schauerroman der Engländerin Ann Radcliffe hat künstlerisches Niveau, das von ihrem Nachfolger, dem als Monk-Lewis bekannt gebliebenen Autor des schaurig-satanischen *Monk*, noch übertroffen wurde.
In den meisten dieser handlungsbetonten Romane dient der Plot dazu, die nötige Spannung aufzubauen, die erforderlich ist, um in den Charakteren bestimmte innere Krisen auszulösen und diese für den Leser nachvollziehbar zu machen. Das können moralische, religiöse oder existentielle Krisen sein. Wenn Dostojewskij in *Schuld und Sühne* den Aufbau einer Schuld-Spannung und deren notwendige Lösung durch Sühne zu einem religiös-moralischen Auferstehungsdrama ausformt, dann wäre es ebenso töricht, ihm die atemberaubenden Effekte seines Kriminalfalls vorzuwerfen, wie es töricht wäre, Shakespeare die Bluttaten des Macbeth als bloße Sensationen anzukreiden. Ein literarisches Werk, das von einem Verbrechen handelt, wird ohne sensationelle Effekte kaum auskommen können; denn wie immer die Schuld darin auch moralisch bewertet werden mag, das Verbrechen selbst ist ein Durchbrechen der Ordnung, und ein befriedigender Abschluß des Romans kann nur durch deren Wiederherstellung erreicht werden. Je stärker diese Durchbrechung der Ordnung ist, um so deutlicher muß sie auch für den Leser nachvollziehbar gemacht werden, und das dürfte nur durch starke Effekte möglich sein. Dabei beschränkt sich die Wirkung der Handlung allerdings im wesentlichen auf die Wirkung des jeweiligen Effektes. Es gibt aber auch Autoren, die den Plot im ganzen so gestalten, daß er zum Vehikel einer Aussage wird. Der folgende ist ein herausragendes Beispiel dafür.
Charles Dickens ist den heutigen deutschen Lesern vor allem als Autor von *Oliver Twist* und *David Copperfield* bekannt. In beiden Werken sind es Erfahrungen aus der Sicht von Kin-

dern, die den stärksten Eindruck auf den Leser machen. Mit unvergleichlicher Intensität gelingt es dem Erzähler, das Ausgeliefertsein der kindlichen Helden an die Welt der Erwachsenen darzustellen. Allerdings ist die Kehrseite oft eine unerträgliche Sentimentalität. Zu diesen beiden Grundzügen der Dickensschen Kunst kommt als drittes sein Humor, der seit seinem Erstling, *Die Pickwickier*, sein Markenzeichen geworden war. So ist das Bild, das deutsche Leser und auch viele Kritiker von Dickens haben, das eines sozialkritischen Humoristen mit einem Hang zur Sentimentalität. Weit weniger bekannt ist die unübertroffene Sprachkunst, die ihn zu einem der größten Prosadichter der europäischen Literatur macht. Dies rührt sicher daher, daß Deutsche ihn in Übersetzungen lesen müssen, von denen selbst die besten nur einen schwachen Abglanz der poetischen Kraft seiner Sprache vermitteln können. Am allerwenigsten aber wissen deutsche Leser von der Kunst, mit der er in seinen Romanen große Bildteppiche aufrollt, in denen alle Motive durch ein raffiniertes System von Längs- und Querverweisen miteinander verknüpft sind.

Große Erwartungen, der vorletzte von Dickens vollendeten Romanen, ist ein Musterbeispiel dieser Kunst. Als eines seiner kürzesten Werke enthält es einen der am dichtesten geknüpften Bildteppiche. Die Handlung ist folgende: Pip, ein Waisenkind, wächst bei seiner älteren Schwester und deren gutmütigem Mann, dem Hufschmied Joe Gargery, auf. Gleich in der ersten Szene begegnet er einem entflohenen Sträfling, der ihn durch Drohungen zwingt, ihm Nahrung und eine Feile zu bringen, damit er sich das Fußeisen entfernen kann. Wenig später wird Pip Zeuge, wie der Häftling bei einem Kampf mit einem anderen, ebenfalls entflohenen Häftling von der Polizei überrascht und wieder eingefangen wird. Einige Zeit danach wird Pip von einer geheimnisvollen Miss Havisham, die mit ihrer Pflegetochter Estella in einem gruftähnlichen Haus lebt, als Gesellschafter angeheuert. Er verliebt sich in die schöne, aber gefühlskalte Estella und empfindet den Umgang mit den beiden Frauen als sozialen

Aufstieg. Als er heranwächst und bei seinem Pflegevater in die Lehre geht, taucht plötzlich ein geheimnisvoller Rechtsanwalt auf, der ihm im Auftrag eines anonymen Gönners »große Erwartungen« eröffnet. Pip glaubt, Miss Havisham habe ihn als zukünftigen Ehemann für Estella auserkoren und wolle deshalb zuerst einmal einen Gentleman aus ihm machen. Pip kommt nach London und führt dort mit den monatlichen Zuwendungen seines unbekannten Gönners das Leben eines vornehmen Müßiggängers. In der Mitte des Romans taucht plötzlich der Häftling vom Anfang auf und gibt sich Pip als der geheimnisvolle Gönner zu erkennen. Magwitch, so heißt der Häftling, war nach Australien deportiert worden, war dort durch Schafzucht zu Reichtum gekommen und will nun mit seinem Geld Pip für die Hilfe belohnen, die dieser ihm damals gewährt hatte. In Wirklichkeit aber versucht Magwitch, sich gleichsam über einen Stellvertreter in die bürgerliche Gesellschaft einzukaufen. Da er widerrechtlich nach England zurückgekehrt ist, droht ihm hier bei seiner Entdeckung die Todesstrafe. Deshalb muß Pip ihn bei sich verstecken. Für diesen, der sich bis dahin in der Illusion gewiegt hatte, von Miss Havisham für ein Leben in den besseren Kreisen auserkoren zu sein, bricht eine Welt zusammen, als er erkennen muß, daß seine großen sozialen Erwartungen ausgerechnet aus dem Bodensatz der Gesellschaft stammen. Nach langem inneren Ringen legt er schrittweise seinen gesellschaftlichen Snobismus ab, bekennt sich zu seiner Verpflichtung gegenüber Magwitch und versucht, diesen außer Landes zu schaffen. Als es ihm fast schon gelungen ist, ihn mit einem Boot auf der Themse zu einem auslaufenden Dampfer zu bringen, werden sie von einem Polizeiboot gestoppt, in dem der andere Häftling sitzt, mit dem sich Magwitch am Anfang geprügelt hatte. Es kommt erneut zum Kampf, Magwitch ertränkt den Widersacher in der Themse und wird, selber schwer verletzt, von der Polizei festgenommen. Zum Tode verurteilt, stirbt er vorher an den Folgen seiner Verletzungen. Sein Scheckbuch aber, das Symbol für Pips Abhängigkeit von ihm, wird von der Polizei konfisziert. Pip bleibt mittellos zurück, seine Illusionen sind zerstoben. Estella hatte sich inzwischen aus Trotz an einen unwürdigen Mann weggeworfen und ist zuletzt Witwe. Eine andere, warmherzige Frau, die für Pip tiefe Zuneigung empfand, die er aber in seinem gesellschaftlichen Drang nach oben ignoriert hatte, nämlich Biddy, ist ebenfalls verheiratet, und zwar mit dem zum Witwer gewordenen Joe Gargery. So steht Pip zum Schluß vor den Trümmern einer Illusionswelt, von der er sich durch den freiwilligen Verzicht auf autonome Lebensgestaltung abhängig gemacht hatte, und muß nun sein Leben, gereift durch die gemachten Erfahrungen, von vorn beginnen.

Dies ist in groben Zügen die Handlung, in die noch zahlreiche Episoden mit weiteren Charakteren eingebettet sind. Das zentrale Problem, um das es dabei geht, ist Pips Emanzipation von der Verlockung, sich von seinen großen Erwartungen innerlich abhängig zu machen. Dies Problem der Selbstentfremdung eines Menschen durch Preisgabe seiner Autonomie hat Dickens immer wieder gestaltet, und er hat es regelmäßig mit einer entgegengesetzten Form kontrastiert, bei der sich die Selbstentfremdung als innere Verhärtung und Erstarrung ausdrückt. Sie wird in unserem Fall durch Miss Havisham und Estella verkörpert. Wie sich im Verlauf der Handlung allmählich herausstellt, war Miss Havisham einmal mit einem innerlich haltlosen jungen Mann verlobt, der sie am Tag ihrer Hochzeit hatte sitzenlassen. Seitdem lebte sie in ihrem Haus im Zustand ihres Hochzeitstages weiter, im Brautkleid vor einer vermoderten Hochzeitstafel. Und ihr Lebensziel ist, Estella zu einer kalten Schönheit heranzuziehen, die den Männern den Kopf verdrehen und ihnen doch jedes Liebesglück verweigern sollte. Sie hat, wie sie selbst sagt, ihr das »Herz herausgenommen und einen Stein an seine Stelle getan«. Estella ist, wie sich ebenfalls herausstellt, Magwitchs Tochter. Und eine bei dem geheimnisvollen Rechtsanwalt Jaggers angestellte Frau entpuppt sich als ihre Mutter. Compeyson schließlich, der andere Häftling, erweist sich als derjenige, der Miss

Havisham ins Unglück gestürzt und Magwitch zum Verbrechen verführt hat. So hängt am Ende alles mit allem und jeder mit jedem zusammen. Was anfangs als Bündel loser Fäden erschien, erweist sich als das planvoll geknüpfte Grundgewebe eines dichtgewirkten Motiv- und Handlungsteppichs.
Die thematischen Grundpositionen werden, wie bereits angedeutet, durch zwei gegensätzliche Charakterdeformationen markiert: durch die Gefahr des Selbstverlustes, der Pip durch die Selbstpreisgabe an seine großen Erwartungen zu erliegen droht, und durch die entgegengesetzte Gefahr der inneren Erstarrung, in die Miss Havisham und Estella verfallen. Im sichtbaren Bereich des Bilderteppichs wird dieser Gegensatz auf der einen Seite durch die flache, feuchte Marschlandschaft und auf der anderen Seite durch Miss Havishams gefängnishaftes Haus symbolisiert. Der Gegensatz von Gefängnissymbolen, die Erstarrung verkörpern, und Wassersymbolen, die einen Bereich des haltlosen Versinkens anzeigen, kehrt in Dickens' Romanen ständig wieder und muß eine seiner obsessiven Vorstellungen gewesen sein. Pip wird von Beginn des Romans an in das Spannungsfeld dieses Gegensatzes gestellt und muß einen schwierigen Emanzipationsprozeß durchlaufen, an dessen Ende er sich gegen beide Gefahren erfolgreich behauptet. Zu der Polarität von Gefängnis- und Wassersymbolen tritt ein dritter Symbolkomplex, der ebenfalls in allen Dickens-Romanen wiederkehrt: das Erbschaftssymbol. In unserem Fall wird es verkörpert durch das Vermögen, das Magwitch seinem Schützling in Aussicht stellt und dessen sichtbares Zeichen die Brieftasche ist, die am Ende von der Polizei konfisziert wird. Von dieser »Erbschaft« geht für Pip die gefährliche Versuchung aus, seine Autonomie preiszugeben und sich ganz von der Fremdbestimmung durch seine großen Erwartungen abhängig zu machen.
Offensichtlich sah Dickens ein Grundproblem in der Frage, wie der Mensch zwischen Haltlosigkeit und Erstarrung eine Mittelposition behaupten kann, in der er charakterfest und

offen, autonom und karitativ zugleich ist. Um dieses zentrale Thema in Romanform zu gestalten, mußte er einen kunstvollen Erzählteppich knüpfen, dessen Grundgewebe, der Plot, das Thema entwickelt, während die einzelnen Ausformungen der charakterlichen Fehlhaltungen und ihre schließliche Überwindung durch Pip in Form von symbolischen Bildbegriffen in das Gewebe eingearbeitet werden. Die erste Schlinge knüpft Pip bereits in der allerersten Szene, als er zum erstenmal dem Häftling begegnet. Von diesem Moment an durchziehen den Roman zwei Handlungslinien: eine an der Oberfläche, die Pips Leben bei seinem Pflegevater und bei Miss Havisham zeigt, und eine verdeckte, die sein Leben untergründig begleitet. Diese zweite Kausalreihe, die Pip ahnungslos ausgelöst hat, läuft ohne sein Wissen bis zur Mitte des Romans neben ihm her und verknüpft sich zu einem Schicksalsnetz, das ihn hinterrücks überfällt. Auch dies war eine von Dickens' obsessiven Vorstellungen, die er immer wieder gestaltet hat. Das Schicksalhafte kommt schon darin zum Ausdruck, daß diese zweite Handlung, wie es sich für ein Schicksalsmotiv gehört, dreimal anklopft; denn dreimal kommt Pip, ohne es zu bemerken, mit Magwitch in Berührung, bevor dieser dann leibhaftig vor ihm steht. Dikkens leitet das Erscheinen von Magwitch mit einer Parabel aus einem orientalischen Märchen ein, in der von einem von langer Hand vorbereiteten Komplott die Rede ist, das wie ein kunstvolles Uhrwerk eingestellt und dann zum vorherbestimmten Zeitpunkt in Gang gesetzt wird. Offensichtlich sollte Magwitchs Erscheinen den Charakter einer plötzlich über Pip hereinbrechenden schicksalhaften Fremdbestimmung haben. Nachdem sich fast genau in der Mitte des Romans die beiden getrennt laufenden Handlungslinien gekreuzt und zu einer einzigen vereint haben, beginnt nun Pips bewußte Auseinandersetzung mit seinem Schicksal. Nach einem schmerzhaften Prozeß der Emanzipation löst er sich aus seiner Fremdbestimmung. Symbolisch kommt dies darin zum Ausdruck, daß er noch einmal Miss Havisham aufsucht und dann ihr gefängnishaftes Haus hinter sich läßt, nachdem er sie dort vor dem Feuertod bewahrt und sich dabei schwere Brandwunden zugezogen hat. Danach muß er sich nur noch aus dem anderen Symbolbereich, dem des Wassers, lösen. Dies geschieht in dem lang ausgeführten Schlußteil, dessen Kulisse die flache Sumpflandschaft rechts und links der Themse und schließlich diese selber ist. Auf faszinierende Weise hat Dickens diese Bildkomplexe wie die Themen einer Sinfonie gegeneinandergeführt. Selbst die Berührung und Überschneidung der beiden Symbolbereiche wird noch in den Bilderfluß eingebaut. Als Pip nämlich mit verbrannten Händen von Miss Havisham kommt und sich zu einer Verabredung mit dem dämonisch bösen Orlick in eine alte Kalkbrennerei mitten in den Marschen begibt, droht dieser ihn dort zu ermorden, was in letzter Minute durch das Auftauchen von Freunden verhindert wird. Gefängnis- und Wassersymbole werden hier wie in einer musikalischen Engführung zusammengebracht. Danach erfolgt dann Pips endgültige Emanzipation in dem Augenblick, als Magwitch am Ende der gescheiterten Flucht aus dem Boot ins Wasser springt, seinen Widersacher Compeyson tötet, worauf die ganze verhängnisvolle Vergangenheit, in die Pip ahnungslos, aber durch eigene Selbstpreisgabe verstrickt war, symbolisch im Wasser versinkt. Mit der Konfiszierung der Brieftasche schließlich ist seine innere Abhängigkeit überwunden. Und auch Magwitch steigt nach dem Racheakt an Compeyson schwer verletzt, aber gereinigt und mit sich selbst im Frieden aus dem Wasser.

Wie in Goethes *Pandora* oder in Mozarts *Zauberflöte* werden Feuer und Wasser als Elemente eingesetzt, um auf symbolische Weise die Läuterung nach außen sichtbar zu machen. Unter allen psychologisch-realistischen Erzählern seiner Zeit erweist sich Dickens damit als ein einzigartiger – vielleicht sogar der einzige – Prosadichter, der mit den gleichen Mitteln erzählt, mit denen in der Musik und in der Versdichtung, z. B. in *Faust II*, Themen entwickelt werden. Hätten wir hier Raum und Zeit, auch alle übrigen Details des Romans auszuleuchten, so würde der Eindruck von der dichterischen Meisterschaft dieses Erzählers noch überzeugender ausfallen. Soviel aber dürfte jetzt schon klargeworden sein, daß die scheinbar zufälligen Koinzidenzen, durch die zum Schluß alle losen Enden fest in das Grundgewebe des Bildteppichs eingebunden werden und die man Dickens so oft als Unwahrscheinlichkeiten und effekthascherische Sensationen angekreidet hat, Bestandteile eines planvollen Kunstwerks sind. Freilich muß man die Prämisse akzeptieren, daß er nicht nur eine realistische Geschichte erzählen, sondern eben jenen kunstvollen Bildteppich knüpfen wollte, dessen Muster wir hier nachzuzeichnen versucht haben. Wer ihm dann noch seine »Unwahrscheinlichkeiten« vorwirft, der macht einer Oper zum Vorwurf, daß die Schauspieler nicht sprechen, sondern singen.

Ist Tragik im Roman möglich?
Thomas Hardy: Tess von den d'Urbervilles *(1891)*

> [Wilhelm und Serlo einigten] sich darüber, daß man dem Zufall im Roman gar wohl sein Spiel erlauben könne, daß er aber immer durch die Gesinnungen der Personen gelenkt und geleitet werden müsse; daß hingegen das Schicksal, das die Menschen, ohne ihr Zutun, durch unzusammenhängende äußere Umstände zu einer unvorhergesehenen Katastrophe hindrängt, nur im Drama statthabe; daß der Zufall wohl pathetische, niemals aber tragische Situationen hervorbringen dürfe; das Schicksal hingegen müsse immer fürchterlich sein und werde im höchsten Sinne tragisch, wenn es schuldige und unschuldige, voneinander unabhängige Taten in eine unglückliche Verknüpfung bringt.

Nach dem, was Goethe hier aus der Sicht seines Romanhelden Wilhelm Meister darlegt, ist das Tragische dem Roman wesensfremd. Nun weiß man zwar, daß ihm selbst und seiner

»konzilianten Natur« das Tragische nicht geheuer war, so daß bei seinen Aussagen über diesen Gegenstand eine gewisse Voreingenommenheit in Rechnung gestellt werden muß, doch lehrt ein Blick auf die Geschichte des Romans, daß in ihm das Tragische in der Tat kaum in Erscheinung tritt. Der weitaus größte Teil aller bürgerlichen Romane hat das obligate Happy-End, das von vielen Romankonsumenten geradezu zur Bedingung einer befriedigenden Romanlektüre gemacht wird. Einige Werke aus der Zeit des sentimentalen Romans im 18. Jahrhundert und die lange Reihe der Desillusionierungsromane des 19. Jahrhunderts enden zwar mit dem Tod oder dem sozialen Niedergang des Helden, doch wird man sie kaum tragisch nennen wollen, da von ihrem Untergang keinerlei kathartische Wirkung ausgeht.
In dem Buch *Wie interpretiert man ein Drama?* (Reclams UB Nr. 15026) haben wir eine Theorie vorgestellt, die zu erklären versucht, weshalb Tragödien nur in großen Abständen innerhalb relativ kurzer Zeiträume geschrieben wurden, und zwar immer dort, wo eine aristokratische Gesellschaft in eine egalitär-demokratische überging. Nur in einer solchen Übergangszeit konnten – nach unserer Theorie – die Menschen disponiert sein, einerseits um den Untergang eines herausragenden Helden zu trauern und andererseits aus seiner Nivellierung kathartische Befriedigung zu ziehen. In einer streng aristokratischen Gesellschaft hätten sie dem Helden so große Bewunderung entgegengebracht, daß sie die Trauer über seinen Tod in einer langanhaltenden Totenklage hätten abarbeiten müssen, wie dies im Threnos der griechischen Frühzeit und in der germanischen Heldenklage der Fall war. In einer bürgerlich-egalitären Gesellschaft hingegen müßte es den Menschen schwerfallen, sich mit einem Helden zu identifizieren, der sie selber zu sehr überragt. Zwar würde der Zuschauer wohl den Sturz des Helden mit Befriedigung wahrnehmen, doch würde er für ihn kaum den aristotelischen Phobos (= Schrecken) entwickeln, der dann durch Eleos (= Jammer) abgebaut und in kathartische Befriedigung verwandelt wird. So wundert es nicht, daß die Blütezeiten

der Tragödie, wie wir dargelegt haben, bezeichnenderweise dort liegen, wo die aristokratische Tradition noch und die demokratische schon lebendig war.
Der Roman ist nun, wie wir eingangs sagten, eine spezifisch bürgerliche Form, so daß schon aus diesem Grunde das Tragische in ihm kaum zu erwarten ist. Die Literaturgeschichte scheint dies zu bestätigen. Dennoch gibt es Romane, die um tragische Wirkung bemüht sind und ihr gelegentlich nahekommen. Wenn es sich dabei um ein Werk wie Melvilles *Moby Dick* handelt, könnte man sagen, daß dies kein bürgerlicher Roman im eigentlichen Sinn ist, sondern eher eine aus dem Geist der Romantik erwachsene Menschheitsparabel, die Goethes *Faust* näher steht als Dickens' *David Copperfield*. Eine andere große Ausnahmeerscheinung ist Faulkner, dessen Romanwerk durchaus einen tragischen Grundzug hat. Aber er schrieb, wie wir im Zusammenhang mit unserer Theorie der Tragödie darlegten, aus einem gesellschaftlichen Bewußtsein heraus, das eine Überlagerung einer aristokratischen durch eine demokratische Ideologie aufweist, genau das also, was wir als den Wurzelboden der Tragödie ausgemacht hatten. Bei ihm ist es der amerikanische Süden mit seiner absterbenden Pflanzeraristokratie und der eindringende Norden, der für das egalitäre Prinzip steht. Dieser ideologische Zwiespalt ist der tragische Riß, aus dem seine düsteren Dramen in Romanform hervorquellen.
Ein Autor aber, der wie kein anderer um das Tragische im Roman gerungen hat, scheint sowohl unserer Theorie als auch der Goetheschen Annahme zu widersprechen: Thomas Hardy. In seinen fünf letzten Romanen, die zugleich seine bedeutendsten sind, hat er in immer neuen Anläufen versucht, einem realistischen Stoff aus dem englischen Alltag des 19. Jahrhunderts das dramatische Pathos einer griechischen Tragödie zu geben. Und doch stellt sich bei keinem seiner Helden im Leser die für die Tragödie charakteristische kathartische Wirkung ein. Wir erleben bei ihm nicht den Aufstieg, das Schuldigwerden und die Vernichtung eines bewundernswerten Helden, der durch ein tragisches Fehl-

verhalten zu Fall gebracht wird. Statt dessen sehen wir, wie der Held (oder die Heldin) sich in einem von unwahrscheinlichen Zufällen geknüpften Schicksalsnetz verfängt und darin hilflos zugrunde geht.

Tess von den d'Urbervilles dürfte nach seiner Verfilmung durch Polanski der hierzulande bekannteste Roman dieses zu Unrecht vernachlässigten großen Spätviktorianers sein. Der Inhalt ist folgender: Dem alten Durbeyfield wird der Floh ins Ohr gesetzt, daß er mit der vornehmen Familie der d'Urbervilles verwandt sei, worauf er sich so betrinkt, daß er mit seinem einzigen Pferd verunglückt und dieses dabei zu Tode kommt. Um die Familie vor Elend zu bewahren, schikken die Eltern ihre Tochter Tess zu den vermeintlichen reichen Verwandten mit der Bitte um Hilfe. In Wirklichkeit aber hatten diese den adligen Namen nur gekauft, so daß von einer Verwandtschaft keine Rede sein kann. Tess wird von Alec, dem Sohn des Hauses, verführt, bekommt ein Kind, das nach einiger Zeit stirbt, und danach beginnt sie in einer anderen Grafschaft als Melkerin auf einer Milchfarm ein neues Leben. Dort verliebt sie sich in einen jungen Pfarrerssohn namens Angel Clare, der sie heiraten will. Nach mehreren vergeblichen Anläufen, ihm ihre Vergangenheit zu beichten, schreibt sie ihm am Tage vor der Hochzeit einen Brief und schiebt diesen unter der Tür hindurch in sein Zimmer. Als er am nächsten Tag mit keinem Wort darauf Bezug nimmt und sie heiratet, versteht sie dies als Ausdruck der Verzeihung. Doch in der Hochzeitsnacht muß sie erfahren, daß er ihren Brief gar nicht gelesen hat, da sie diesen, ohne es zu wissen, unter den Teppich hinter der Tür geschoben hatte. Angel ist schockiert über ihr Geständnis, verläßt sie auf der Stelle und wandert zusammen mit einer anderen Melkerin nach Brasilien aus. Für Tess beginnt danach ein stetiger Abstieg. Sie arbeitet bis zur Erschöpfung, muß ihre in Armut versunkene Familie ernähren und weiß sich am Ende keinen anderen Rat, als sich von Alec, ihrem Verführer, als dessen Geliebte aushalten zu lassen. Da kehrt plötzlich Angel reumütig aus Brasilien zurück und möchte nun doch mit seiner

angetrauten Ehefrau zusammenleben. Die aber meint, seiner nun erst recht nicht mehr würdig zu sein. Um sich von ihrer Vergangenheit zu reinigen, ersticht sie in einer Verzweiflungstat Alec, lebt dann einige Tage unter freiem Himmel mit Angel auf der Flucht vor der Polizei, wird unter den Steinen des alten Druidenmonuments von Stonehenge verhaftet und nach dem Prozeß hingerichtet.
Hardy, der auch ein bedeutender Lyriker war, hat den Roman mit so eindringlicher Sprachkraft geschrieben, daß ihn wohl kein Leser ohne Erschütterung aus der Hand legen wird. Und doch wird sich der strengere Kritiker eines unguten Gefühls dabei kaum erwehren können. Der Roman trägt den Untertitel »A Pure Woman Faithfully Presented« (»eine reine Frau, wahrheitsgetreu dargestellt«). Und getreu diesem Titel wird erzählt, wie eine nahezu schuldlose Frau in den heimtückischen Sog eines Schicksalsstroms gerät, der sie unentrinnbar ins Verderben zieht. Dieser Schicksalsstrom fügt sich aus einer Reihe banaler Zufälle zusammen, die aber in ihrer Gesamtheit wie das Walten eines böswilligen Verhängnisses erscheinen. Man weiß, daß Hardy von Schopenhauer beeinflußt war und daß er mit diesem die Vorstellung eines blinden Weltwillens teilte, der alle Entwicklungen vorantreibt und gegen den niemand sich stemmen kann. Trotzdem beteuerte er wiederholt, daß er ein *meliorist* sei, also einer, der überzeugt war, daß sich der dumpfe Wille allmählich zu immer größerer Klarheit läutern werde. Was ist nun aber das, was Tess ins Verderben zieht? Die zufällige Aufdeckung der Beziehung zu den d'Urbervilles, der zufällige Tod des Pferdes, das zufällige Verschwinden des Briefs unter dem Teppich und eine Reihe weiterer Zufälle sind allesamt alltägliche Ereignisse, die für sich genommen nichts Verhängnisvolles haben. Selbst die Verführung durch Alec und der Tod ihres Kindes war für Tess etwas, das sie innerlich überwunden und moralisch bewältigt hatte. Ihr Verhängnis bricht erst auf, als Angel sie in dünkelhafter Selbstgerechtigkeit verstößt, weil er meint, wenn er schon ein armes Mädchen heirate, könne er wenigstens erwarten, daß sie rein sei.

Was von Hardy als Schicksal oder blinder Weltwille drapiert wird, ist also in Wirklichkeit eine deformierte gesellschaftliche Moral. Diese hätte der Gegenstand seiner Anklage sein müssen. Daß sie es nicht ist, liegt an der unentschiedenen Haltung, die er seiner Zeit gegenüber einnahm und aus der er sich nie ganz befreien konnte. Einerseits war er der radikalste Kritiker der spätviktorianischen Ethik, andererseits war er selbst so sehr Viktorianer, daß er es nicht fertigbrachte, sich von den Moralvorstellungen seiner Zeit wirklich zu distanzieren. So erlag er der Versuchung, die konkreten gesellschaftlichen Probleme ins Schicksalhafte hochzustilisieren und ihnen die Aura eines tragischen Verhängnisses zu geben. Nicht ohne Grund beschreibt er Tess am Schluß mit einem Zitat aus Shakespeares *König Lear*: »eine Frau, an der mehr gesündigt wurde, als sie selbst gesündigt hat«.
Zum Wesen der Tragödie gehört, daß im tragischen Untergang sowohl der Held selbst als auch die sittliche Norm, gegen die er verstoßen hat, rehabilitiert werden. Hardy versucht, Tess den Status einer tragischen Heldin zu geben und gleichzeitig die sittliche Ordnung wiederherzustellen. Doch diese Ordnung ist nur die gleiche moralische Unordnung, die die Ursache für Tess' Unglück war. Sie hatte ja gar nicht gegen das wahre Sittengesetz verstoßen, sondern Angel war es, der dies Gesetz durch seinen engherzigen Moralismus pervertiert hatte. Deshalb kann sie nicht wie ein tragischer Held vom Gipfelpunkt einer Schuld in die Katastrophe stürzen. Sie muß sich eine – scheinbare – tragische Katastrophe durch eine nachträglich begangene Schuld erst verdienen, und sie tut es, indem sie Alec ersticht. Gerade damit bestätigt sie aber genau die engherzige Moral, die die Ursache ihres Leidens war. Alec ist nur aus der Sicht dieser Moral der vollkommene Bösewicht. In Wirklichkeit ist er ein zwischen Lüsternheit und Gewissensbissen schwankender Zyniker, der zeitweilig zu religiösem Fanatismus bekehrt wird und danach durchaus genug Verantwortungsgefühl hat, für Tess und ihre Familie zu sorgen. Indem Tess gerade ihn ersticht, rehabilitiert sie nicht die sittliche Norm, die hinter ihrer

»Tragödie« steht, sondern unterwirft sich der pervertierten Norm, der sie ihr Unglück verdankt. Hardy hätte die Möglichkeit gehabt, das Schicksal dieser »reinen Frau« ganz zum Schluß doch noch ins wahrhaft Tragische zu wenden, und zwar dadurch, daß Tess nicht Alec, sondern Angel umbringt. Dies wäre eine Tragödie von ähnlichem Zuschnitt wie Kleists *Penthesilea* geworden. Tess hätte in einer Verzweiflungstat den getötet, den sie immer noch liebte. Sie hätte damit auf eine tragisch paradoxe Weise ihre Würde wieder hergestellt, und ihr Tod am Galgen hätte die für die Tragödie wesentliche kathartische Wirkung gehabt; denn er wäre dann eine echte Sühne gewesen und nicht eine Strafe, die das Unrecht, das die gesellschaftliche Moral ihr angetan hat, geradezu legitimiert. So aber endet der Roman paradoxerweise damit, daß die Gesellschaft im Namen eines fragwürdigen Rechts eine »reine Frau« exekutiert, die zuvor selbst dafür gesorgt hat, die Gesellschaft ins Recht und sich selbst ins Unrecht zu setzen.

Wie sehr Hardy seine Geschichte manipuliert hat, zeigt sich schon an den allegorischen Namen. Tess, Kurzform für Teresa, erinnert an die leidenschaftliche Heilige dieses Namens. Angel bedeutet Engel, was nur dann kein platter Wink mit dem Zaunpfahl wäre, wenn der Roman diese Namensgebung als Ironie zu erkennen gäbe. Und der Verführer trägt den Namen des Teufels, der in der englischen Folklore als smart Alec bekannt ist. Hardys Dilemma lag darin, daß er so scharf wie kaum ein anderer die Fragwürdigkeit der viktorianischen Wertnormen durchschaute, daß er aber nicht aus seiner viktorianischen Haut herauskonnte und sich am Ende immer wieder genötigt sah, diese Normen zu rehabilitieren. In seinem letzten Roman *Jude the Obscure* (*Juda der Unberühmte*) kommt dies mit qualvoller Deutlichkeit zum Ausdruck. Dieses Buch hätte einer der erschütterndsten Romane der englischen Literatur werden können, wenn Hardy mutig genug gewesen wäre, seinen Helden Jude, der sich verzweifelt abmüht, um in die Bildungswelt der Mittelschicht einzudringen, an der Gesellschaft scheitern zu lassen, an deren teilnahmsloser Gleichgültigkeit er sich wundreibt. Statt dessen läßt er ihn in die Ehefalle einer primitiv-vitalen Frau gehen und anschließend an eine hypersensible, aber frigide Neurotikerin geraten, um ihn am Schluß trunksüchtig und krank in ebendem Sumpf versinken zu lassen, aus dem er sich den ganzen Roman hindurch herauszuziehen versuchte und der am Schluß fast als rehabilitiert erscheint, da Judes Versagen letzten Endes seiner eigenen Schwäche zugeschrieben wird. So endet auch dieser als Tragödie angelegte Roman in – immerhin – erschütternder Sentimentalität. Hardys Größe als Autor zeigt sich aber darin, daß er der Figur und ihrem Schicksal eine solche Intensität des Leidens mitgeben konnte, daß die Leser den Vorwurf an die eigene Adresse sehr wohl spürten. Der Roman rief einen Sturm der Entrüstung hervor, was Hardy bezeichnenderweise veranlaßte, das Romangenre ganz aufzugeben und für die letzten dreiunddreißig Jahre seines Lebens nur noch Verse und ein monumentales Lesedrama zu schreiben.

Hardys gescheiterter Versuch, das Tragische in Romanform zu gestalten, scheint Goethes eingangs zitierte Ansicht zu bestätigen, wonach Tragik im Roman nicht möglich ist. Sie ist nicht nur in einer so langsam sich entfaltenden Präsentationsform schwer darzustellen, sie scheint auch keinem Bedürfnis des Lesepublikums zu entsprechen. Dieses will Helden, die es entweder lieben oder hassen kann. Für die moralische Ambivalenz der Tragödie, deren Helden schuldig werden und trotzdem höchste Achtung einfordern, war der aufgeklärte Geist des bürgerlichen Romans im 18. Jahrhundert zu klar und die Moral des 19. Jahrhunderts zu stickig. Im 20. Jahrhundert schließlich wurden alle Wertnormen so fragwürdig, daß schon der Mangel eines normativen Bezugssystems den Aufbau einer tragischen Spannung unmöglich machte. Nur da, wo hinter dem bürgerlichen Normensystem noch ein älteres aristokratisches nachwirkt, wie z. B. bei Tolstoj in *Anna Karenina* oder bei Faulkner, kann ein tragisches Grundgefühl aufkommen. Der Roman wurde am Anfang dieses Buches als Prosafiktion definiert. Als prosaisch aber bezeichnen wir in aller Regel etwas, dem genau das fehlt, was das Tragische ausmacht: die unbedingte Kompromißlosigkeit. Den Roman zeichnet viel eher etwas Kompromißlerisches aus. Am Ende bleibt gewöhnlich ein ganz unheldisches Heldenpaar übrig, das vom Leben gebeutelt wurde, aber sich doch nicht hat unterkriegen lassen. Wie Tragik gleichsam die metaphysische Form der Kompromißlosigkeit ist, so ist die metaphysische Form des Kompromisses der Humor. Dieser ist in Romanen so auffällig vertreten, wie Tragik in ihnen fehlt.

Ein Roman in seiner Ahnenreihe
Theodor Fontane: Effi Briest *(1894/95)*

Wer einen Roman schreibt, tut dies vor dem Hintergrund aller Romane, die er gelesen hat. Und wer einen Roman liest, tut es ebenfalls vor dem Hintergrund aller früheren Leseerfahrungen. Da der Leser eines Romans auch die Literatur kennt, die lange nach dem Tode des Autors erschienen ist, wird er mit einem ganz anderen Erwartungshorizont an das Werk herangehen, als es der war, vor dem der Autor es zu seiner Zeit geschrieben hat. Schon aus diesem Grunde muß jeder Versuch, ein Werk so zu verstehen, wie es geschrieben wurde, Illusion bleiben. Wir können unseren gegenwärtigen Erwartungshorizont nicht ausblenden. Was wir aber können und tun sollten, ist, uns den Horizont klarmachen, in den das Werk bei seiner Entstehung gestellt wurde. Die Rezeptionsästhetik und die moderne Intertextualitätstheorie haben diesen Sachverhalt gründlich erforscht und literaturwissenschaftlich aufgearbeitet. Für interpretatorische Zwecke kann man auf das Rüstzeug dieses Theoriegebäudes aber getrost verzichten; denn im Grunde systematisiert es nur das, was für jeden Leser offensichtlich ist.

Als Fontane 1894/95 seinen Roman *Effi Briest* herausbrachte, muß er sich darüber klar gewesen sein, daß jeder gebildete Leser diese Ehebruchsgeschichte vor einem Hintergrund von Leseerfahrungen sehen würde, unter denen Flauberts *Madame Bovary* (1857) und Tolstojs *Anna Karenina* (1875–77) zu den prägenden Erlebnissen gehört haben dürften. Selbst wenn er sich weder durch die Herausforderung zur Konkurrenz noch durch die Verführung zur Imitation beirren ließ, mußte er doch auf jeden Fall die langen Schatten sehen, die diese beiden Bücher warfen.

Den Stoff zu seinem Roman lieferte ihm die wahre Geschichte einer Freifrau von Ardenne (1853–1952), von der er aus dem Bekanntenkreis erfahren hatte. Schon dies läßt erkennen, daß es nicht literarischer Wettstreit mit den großen Vorgängern war, was ihn zur Gestaltung des Themas motivierte. Auch die Behandlung des Themas selbst gleicht in nichts den beiden weltliterarisch berühmteren Werken. Flaubert zeigte in *Madame Bovary* das Schicksal einer Frau, die im stupiden Sumpf des Provinzialismus erstickt. Doch er machte aus ihr keine tragische Heldin. Emma ist zwar ein Schwan auf einem Ententeich, doch ihre aus schlechten Romanen angelesenen sentimentalen Ideale von Gefühlskultur sind so seicht, wie das Milieu um sie herum geistlos ist. Die beiden Männer, deren Geliebte sie wird und in denen sie ein feineres Seelenleben vermutet, sind unter ihrer kultivierten Oberfläche nicht edler als ihr gutmütiger, aber stumpfer Ehemann, der als »platt wie ein Trottoir« geschildert wird. So wird in diesem Buch nicht nur der geistlose Stumpfsinn der Provinz bloßgestellt, sondern ebenso die zynische Pseudo-Gefühlskultur des oberen Bürgertums, hinter der sich nur ritualisierte Genußsucht verbirgt. Am Ende trauert der Leser zwar um den Untergang einer schönen Frau, die wie eine Orchidee auf einem Sumpf erblüht war, doch tieferes Mitgefühl wird man eher für ihren Mann Charles empfinden, der sie im Rahmen seiner Möglichkeiten aufrichtig geliebt und verehrt hat, der zuletzt sogar ihrem Verführer verzeiht und »ein großes Wort« hinzufügt, »das einzige, das er je im Leben gesprochen: ›Das Schicksal ist schuld!‹«. Der Verführer Rodolphe empfindet diese Schicksalsergebenheit

als »etwas reichlich gutmütig; komisch sogar, und ein wenig verächtlich«. Natürlich macht nicht Flaubert das Schicksal für Emmas Unglück haftbar, sondern ihr Ehemann, der noch dem banalen Unglück eine höhere Weihe gibt, so wie seine Frau nach der höheren Weihe für ihre Gefühle suchte und wie ihre Liebhaber der eigenen Genußsucht die höhere Weihe einer vermeintlichen Gefühlskultur gaben. Während Emma, Rodolphe und Léon, die drei »Kulturmenschen« des Romans, innerlich in Langeweile und Überdruß erkalten, behält nur der geistlose Provinzler Charles seinen ehrlichen Glauben an das Höhere. Als Kind unterwarf er sich seiner fürsorglichen Mutter, fügte sich willig in die arrangierte Ehe mit einer viel älteren Erbin, verfiel dann der schönen Emma, die er wie eine Göttin verehrte und fügt sich zuletzt in sein Elend wie in ein höheres Schicksal, alles dies mit arglosem Herzen, grundanständig, aber vollkommen dumm.
Von ganz anderer Art ist das Schicksal der Anna Karenina. Sie ist nicht nur eine bezaubernde Frau, sondern ein edler Mensch, hochgebildet und von echter Gefühlskultur. Der menschliche Adel, den sie innerhalb des Gesellschaftlichen verkörpert, droht in der lieblosen Ehe mit Karenin zu erstikken. Und so läßt sie sich in eine Liebesbeziehung zu dem charmanten, männlich ansehnlichen Rittmeister Wronskij ein, der ihr an Tiefe des Gefühls zwar nachsteht, der aber dennoch als aufrichtiger und integerer Mann dargestellt wird. Während Wronskij aber die nichteheliche Beziehung mit seinem gesellschaftlichen Leben vereinbaren kann, geht Anna an ihrer gesellschaftlichen Entwurzelung zugrunde. Zuerst lebte sie, gesellschaftlich hochgeachtet, in einer Eiswüste des Gefühls. Danach fand sie eine ihr Gefühl befriedigende Liebesbeziehung und lebte in der Eiswüste gesellschaftlicher Ächtung. Sie aber braucht, um leben zu können, beides. Deshalb geht sie, als ihr dies verwehrt wird, freiwillig in den Tod. Tolstoj, anders als Flaubert, hat seiner Heldin eine tragische Aura gegeben. Aber er hat ihr Verhalten nicht gerechtfertigt. Seine eigene Vorstellung von moralisch richtigem Verhalten hat er in der Parallelhandlung in dem Paar

Kitty–Lewin dargestellt. Diese beiden versuchen nicht, einen überspannten Glücksanspruch zu realisieren, sondern fügen sich in ihre Verhältnisse, ziehen sich in ein bäuerliches Milieu zurück und leben dort ein einfaches Leben im Einklang mit der Natur und den göttlichen Geboten.

Emma Bovary und Anna Karenina mußte Fontane, ob er wollte oder nicht, seine Effi Briest an die Seite stellen. Effi tritt im ersten Kapitel des Romans als übermütiges sportliches Mädchen auf, das sich am wohlsten auf der Schaukel fühlt. Schon im zweiten Kapitel begegnet sie dem Baron von Innstetten, der einst um ihre Mutter warb. Im dritten Kapitel verlobt sie sich mit ihm. Bald darauf heiratet sie, und es beginnt für sie ein ereignisloses Leben in der märkischen Provinz. Sie langweilt sich ein wenig, doch ohne darunter zu leiden. Nach der Geburt ihrer Tochter kommt sie gelegentlich mit Major Crampas zusammen, mit dem ihr Mann täglich ausreitet. Crampas, der mit einer unausstehlichen Frau verheiratet ist, beginnt Effi den Hof zu machen. Sie fühlt sich geschmeichelt, gibt seinem Werben ein wenig nach, trifft sich heimlich mit ihm und läßt sich auf eine Beziehung ein, die von ihrer Seite ohne jede Leidenschaft ist und für sie kaum mehr bedeutet als ein die Langeweile vertreibendes Abenteuer und eine Selbstbestätigung ihres Wertes als Frau. Alles dies dauert nur sehr kurze Zeit. Dann zieht sie mit ihrem Mann nach Berlin, verbringt dort sechs zufriedene Jahre und hat nach anfänglich wiederkehrenden Schuldgefühlen und Ängsten vor einer möglichen Entdeckung ihre Affäre zuletzt fast vergessen. Da schlägt sich während ihrer Abwesenheit ihre Tochter die Stirn blutig; auf der Suche nach Verbandszeug stößt ihr Mann zufällig auf die Briefe von Crampas, die Effi in ihrem Nähtisch versteckt hielt. Innstetten ist entsetzt und bittet seinen Kollegen Wüllersdorf um Rat. Am Ende ist er gefühlsmäßig durchaus bereit, den längst verjährten Vorfall zu vergessen. Doch da er mit Wüllersdorf darüber gesprochen hat, ist die Verletzung seiner Ehre öffentlich geworden. Und obwohl er weiß, daß der Freund schweigen wird wie das Grab, gebietet ihm sein Ehrenkodex, sich mit

Crampas zu duellieren. Er tötet ihn, weist Effi aus dem Haus und verbietet ihr jeden weiteren Umgang mit ihrer Tochter. Auch die Eltern verweigern Effi die Aufnahme in ihr Haus. Nach drei Jahren in Einsamkeit und sozialer Ächtung kommt es durch Intervention einer Ministergattin zu einer Begegnung mit ihrer Tochter, die aber für Effi niederschmetternd verläuft, da man ihr das Kind vollkommen entfremdet hat. Als Effi darauf schwer erkrankt, geben die Eltern schließlich nach und nehmen sie zu sich. Dort erlebt sie noch einmal Tage wie in ihrer Mädchenzeit, dann stirbt sie ohne Klage, ohne Groll und mit versöhnlichen Worten über ihren Mann, der sie so unmenschlich gestraft hat.
Neben Anna Karenina in ihrem tragisch überspannten Glücksanspruch und Emma Bovary mit ihren exaltierten Ausbruchsversuchen wirkt Effi wie ein braves, grundanständiges und durch und durch vernünftiges Mädchen, das genau ihrer ersten Beschreibung entspricht:

> Effi trug ein blau- und weißgestreiftes, halb kittelartiges Leinwandkleid, dem erst ein fest zusammengezogener, bronzefarbener Ledergürtel die Taille gab; der Hals war frei, und über Schulter und Nacken fiel ein breiter Matrosenkragen. In allem, was sie tat, paarte sich Übermut und Grazie, während ihre lachenden braunen Augen eine große, natürliche Klugheit und viel Lebenslust und Herzensgüte verrieten.
>
> (1. Kapitel)

Emma Bovarys romantische Illusionen werden als genauso krank wie der Stumpfsinn ihrer Umgebung dargestellt, und Anna Kareninas Ehebruch ist der zwar gefühlsmäßig edle, aber doch selbstsüchtige Ausbruch aus einer Ordnung, die es eigentlich zu bewahren gilt. Effi aber ist eine ausgeglichene, kompromißbereite, durch und durch gesunde Frau, die gar nicht auszubrechen versucht, sondern nur – wie auf ihrer Schaukel – einmal für Augenblicke den Kitzel des Hochhinausfliegens erleben will, wohlwissend, daß die Stricke sie halten werden. Ihr einziges Vergehen ist eine im Grunde harmlose Affäre, die nur durch den starren Ehrenkodex der Gesellschaft zu einem Fehltritt aufgebauscht wird. Man sollte nun meinen, daß damit das ganze Gewicht der Anklage gegen eben diese Gesellschaft gerichtet ist. Aber selbst diese erscheint nicht als repressiv und tyrannisch, sondern nur als in Gewohnheit erstarrt und verkrustet. Es ist ohne großen Heroismus möglich, die Krusten aufzubrechen. So genügt ein Brief des Hausarztes, die Eltern in ihrer gedankenlosen Konventionalität zu erschüttern und sie dazu zu bringen, Effi wieder aufzunehmen. Die Intervention der Ministersgattin vermittelt die Begegnung mit der Tochter. Selbst Innstetten hätte den Bruch vermieden, wenn er nicht unvorsichtigerweise die Verletzung seiner Ehre in die Öffentlichkeit entlassen hätte. Wo bei Flaubert das gesellschaftliche Milieu von einer zähen, sumpfartigen Dumpfheit geprägt ist, finden wir bei Fontane die ganz gewöhnliche Dummheit, die dem Fehlen des gesunden Menschenverstandes entspringt. Eine läppische Affäre, die sechs Jahre zurücklag, führte zu einem tödlichen Duell und der Zerstörung eines jungen Frauenlebens, nur weil ein Mann nichts von der »natürlichen Klugheit« und »Herzensgüte« hatte, die aus Effis braunen Augen lachten. In der durchschnittlichen Alltäglichkeit des Milieus, in dem der Roman spielt, kommt es nur ein einziges Mal zu einem heftigen Gefühlsausbruch, als Effi, nach dem deprimierenden Wiedersehen mit ihrer Tochter, ihren Fluch über die herausschreit, die ihr das alles angetan haben:

> »Ich will euch nicht mehr, ich haß euch, auch mein eigen Kind. [...]
> Ein Streber war er, weiter nichts. – Ehre, Ehre, Ehre ... und dann hat er den armen Kerl totgeschossen, den ich nicht einmal liebte und den ich vergessen hatte, weil ich ihn nicht liebte. Dummheit war alles, und nun Blut und Mord [...] Und nun schickt er mir das Kind, weil er einer Ministerin nichts abschlagen kann, und ehe er das Kind schickt, richtet er's ab wie einen Papagei und

> bringt ihm die Phrase bei ›wenn ich darf‹. Mich ekelt, was ich getan; aber was mich noch mehr ekelt, das ist eure Tugend.«
>
> (33. Kapitel)

Hier richtet sich Effi zu ihrer vollen moralischen Größe auf wie einst Kleists Marquise von O. Aber gegen die graue, gleichmütige Flut von Gewöhnlichkeit, die sie umspült, ist sie machtlos. In ihrem Preußen, anders als bei Kleist, ist der Geist der Aufklärung schlaff geworden. Und doch kommt zuletzt etwas Preußisches zum Vorschein, dessen Verkörperung Effi selbst ist. Kurz vor ihrem Tode kommt sie auf Innstettens Bücher zu sprechen,

> »[. . .] und in einem hieß es: es sei wer von einer fröhlichen Tafel abgerufen worden, und am anderen Tage habe der Abgerufene gefragt, wie's denn nachher gewesen sei. Da habe man ihm geantwortet: ›Ach, es war noch allerlei; aber eigentlich haben Sie nichts versäumt.‹ Sieh, Mama, diese Worte haben sich mir eingeprägt – es hat nicht viel zu bedeuten, wenn man von der Tafel etwas früher abgerufen wird.«
>
> (36. Kapitel)

Dies ist das gedämpfte preußische Ethos, das Fontane so geschätzt hat: sich selbst nicht zu wichtig zu nehmen. So wird zuletzt die preußische Gesellschaft, an deren starrer Moral Effi so bitter gelitten hat, ausgerechnet durch diese Frau in einer ihrer besten Tugenden rehabilitiert. Hier ist kein Pathos im Spiel, keine Sentimentalität, auch keine soziale Anklage, doch ebensowenig schuldbewußte Unterwerfung. Effi geht weder als trotziges Opfer der Gesellschaft noch als Sühnende in den Tod. Sie hat sich zuletzt wahrhaft emanzipiert und kann ohne jede Anmaßung aus einer Position der moralischen Überlegenheit von ihrem Mann sagen:

> »[. . .] er hatte viel Gutes in seiner Natur und war so edel, wie jemand sein kann, der ohne rechte Liebe ist.«
>
> (Ebd.)

Obwohl Effi am Ende sterben muß, wie es damals zum Stereotyp des Ehebruchsromans gehörte, unterscheidet sie sich grundsätzlich von Emma Bovary und Anna Karenina. Diese beiden scheitern, die eine bloß traurig an ihren Illusionen, die andere fast tragisch an ihrem unrealisierbaren Glücksanspruch. Effi scheitert nicht, sondern gerät nur ganz zufällig unter die Räder eines ganz untragischen, durch und durch banalen Schicksals. Aber am Ende erreicht sie eine innere Reife, durch die sie sich über alle erhebt, die ihr ihren moralischen Fehltritt vorgehalten haben. So erscheint sie zum Schluß als eine reifere, emanzipiertere und damit modernere Frau als die beiden anderen, deren Schicksal noch von romantischem Pathos geprägt ist.

Obwohl Fontane zwei Jahre älter als Flaubert und neun Jahre älter als Tolstoj war, spürt man in seinem Roman bereits etwas von der Nüchternheit, die mit Ibsen in die Literatur einzog. Der moderne Leser, der auch die Literatur unseres Jahrhunderts kennt, wird die Linie der drei Frauen vielleicht über die Jahrhundertwende hinweg fortsetzen und als nächste in der Reihe Lady Chatterley von D. H. Lawrence sehen, aus deren Ehebruch bereits jede moralische Schuld getilgt ist. Für sie ist die Abwendung von ihrem impotenten Mann und die Hinwendung zu ihrem Liebhaber eine Entscheidung für das Leben und gegen den seelischen Tod. Lawrence läßt keinen Zweifel daran, daß diese Entscheidung moralisch gerechtfertigt ist, ja daß ein Mensch sich selbst gegenüber geradezu die Pflicht hat, sich so zu entscheiden. Hätte Fontane nicht erst im Alter von fünfundfünfzig mit dem Romanschreiben begonnen, dann wäre er vielleicht als einer der fortschrittlichsten Erzähler in die europäische Literaturgeschichte eingegangen. So aber blieb er ein Zuspätgekommener, von dem das Ausland kaum Notiz genommen hat. Wahrscheinlich ist aber, daß sich erst in diesem fortgeschrittenen Alter sein eher konservativer Charakter zu jener warmen, menschlichen Liberalität entwickeln konnte, für die sein Name steht und die er seiner achtzehnjährigen Effi schon auf ihrer Schaukel zubilligte.

Die Vollendung des Realismus
Marcel Proust: Auf der Suche nach der verlorenen Zeit *(1913–27)*

Realismus ist Darstellung der Welt, wie sie ist, so sagten wir im Kapitel zur Romantypologie. Eine solche Darstellung bewegt sich zwischen zwei weit auseinanderliegenden Extrempunkten. Sie kann die Welt abbilden wollen, wie sie *tatsächlich* und *wirklich* oder wie sie *eigentlich* und *wahrhaftig* ist. Das erste strebte der Naturalismus an, das zweite der klassische Realismus. In beiden Fällen aber ist der Stoff der Erzählung die reale Welt. Der Naturalist beschränkt sich auf die exakte Wiedergabe eines Ausschnitts und verzichtet damit auf eine umfassendere und tiefere Freilegung einer allgemeinmenschlichen Typik; der Realist will gerade das letztere und muß deshalb die Wirklichkeit durch eine Auswahl der Bildelemente typisieren. Gelänge es einem Erzähler, die gesamte reale Welt abzubilden, so müßte ihm beides zugleich gelingen; denn in der Gesamtheit dessen, was tatsächlich und wirklich ist, muß das enthalten sein, worauf es in einem tieferen Sinne wahrhaftig und eigentlich ankommt. Nun weiß aber jeder, daß die Gesamtheit der Wirklichkeit schlechthin nicht abbildbar ist, da das Bewußtsein eines einzigen Autors immer nur einen winzigen Ausschnitt davon erfassen kann. Was dieses Bewußtsein dagegen in uneingeschränkter Gesamtheit umfaßt, sind seine eigenen Inhalte, d.h. sämtliche Erinnerungen an das eigene gelebte Leben. Ein Autor, der diese Erinnerungen in die Form einer Erzählung brächte, hätte sozusagen die Quadratur des narrativen Kreises erreicht. Indem er alle wirklichen und tatsächlichen Erinnerungen erzählte, gäbe er diesen zugleich auch den Charakter des Wahrhaftigen und Eigentlichen mit; denn *eigentlich* ist für ein Subjekt das, was es sich durch einen Akt der Sinnstiftung zu eigen gemacht hat.

Ein einziger Autor hat bisher einen solchen Versuch gewagt: Marcel Proust. In seinem siebenteiligen Roman *Auf der Suche nach der verlorenen Zeit* schuf er die Enzyklopädie eines erinnerten Lebens und wob in diese ein geheimnisvolles Muster ein, das die *Eigentlichkeit* dieses einen Lebens in reinster Form ausdrückt. Eine vollständigere und lückenlosere Umwandlung erlebter Welt in fiktionale Wirklichkeit dürfte kaum vorstellbar sein. Dabei fehlt dem Werk alles, was man von einem realistischen Roman erwarten würde (und was Proust als Kunstform verachtet hat). Der Roman hat kaum eine erkennbare Handlung, er gibt kein Bild der Wirklichkeit, in dem das Typische und Allgemeingültige freigelegt ist. Er hat aber auch nicht die authentische Zufälligkeit protokollierter Realität, wie sie etwa Dos Passos anstrebte. Statt dessen versucht darin ein Erzähler (der trotz des autobiographischen Grundzugs mit Proust nicht völlig identisch ist), den gesamten Inhalt seines Gedächtnisses in die Erinnerung zurückzurufen und in einen kohärenten Erzählfluß umzuformen. So läuft die reale Substanz des gelebten Lebens durch das sich erinnernde subjektive Bewußtsein und wird dabei einem permanenten Reflexionsprozeß unterworfen, der aber nie den Status jener allgemeingültigen Weltdeutung erreicht, den wir vom klassisch-realistischen Roman gewohnt sind. In langen, unendlich subtilen Meditationen zergliedert der Erzähler seine Ansichten über den Raum und die Zeit, über Liebe und Eifersucht, über den Schlaf und das Wachen, doch nirgends ist aus diesen Ansichten das Fazit des Romans, seine Weltdeutung zu entnehmen. Sie bleiben vielmehr in der fiktionalen Welt des sich erinnernden Bewußtseins und nehmen dort die Position ein, die Aristoteles mit der Kategorie der Möglichkeit gemeint hat (siehe »Typologie des Romans«, S. 89). Dabei werden vom Erzähler unentwegt mögliche Erklärungen und Sinndeutungen erwogen, während gleichzeitig das Allerindividuellste, das unwiderruflich Einmalige der authentisch durchlebten Wirklichkeit im Vorgang des Sich-Erinnerns durch sein Bewußtsein fließt. Die von Joyce und Virginia Woolf entwickelte *stream-of-consciousness technique* ist literarhistorisch die letzte Konsequenz des psychologischen Naturalismus, das lückenlose Protokoll der realen Wirklichkeit im

Prozeß des Wahrgenommenwerdens. Bei Proust aber ist dieser Erinnerungsstrom nur der stoffliche Auslöser eines sich darauf beziehenden Reflexionsstroms, der aus jedem einmaligen, zufälligen Faktum generalisierende Schlüsse zieht, die aber ihrerseits nur zufällig sich ergebende Zustände seines Bewußtseins sind. So verbindet sich in seinem Werk die vollständige Dokumentation der realen Wirklichkeit, wie sie der Naturalismus anstrebte, mit der vollständigen, weil permanenten Verallgemeinerung durch den die Erinnerung begleitenden Reflexionsstrom. Erzähltechnisch hatte Proust eine schier unlösbare Aufgabe zu bewältigen. Da er so gut wie keinen Plot aufbaut und da die Stelle des Helden durch das sich erinnernde und reflektierende Bewußtsein des Erzählers besetzt ist, mußte er auf die klassischen Bauformen des realistischen Romans verzichten und sich ganz darauf verlassen, daß der Erzählfluß ein strukturierendes Rhyth-Muster annimmt. Mit dem längsten Atem, mit dem wohl jemals eine Geschichte erzählt worden ist, entrollt er vor den Augen des Lesers ein Kontinuum von Raum und Zeit, indem sich unterschiedliche Zeitschichten überlagern und mit Bildern detailliert beschworener Räume eine untrennbare Einheit eingehen. Dieses Kontinuum fließt dahin gleich einem mäandernden Fluß, auf dem der Leser wie in einem Boot stromab gleitet, wobei sich ihm ständig wechselnde Ausblicke auf die gleiche Landschaft eröffnen. Immer wieder kommentiert der Erzähler diese Wechsel des Blicks und benutzt sie als ein Mittel der Rhythmisierung. Berühmt geworden ist die Funktion der Kirchtürme von Martinville, die wie ein Orientierungspunkt aus der Landschaft herausragen und zugleich als Kristallisationskern für den darum herumgelagerten Erinnerungskomplex fungieren. Der mäandernde Fluß teilt sich, umschließt Inseln und verliert sich zuweilen in so viele Einzelarme, daß der Leser Mühe hat, den Überblick zu bewahren. Aufmerksame Kritiker konnten sogar nachweisen, daß das sich erinnernde Ich manchmal an zwei verschiedenen Orten zur selben Zeit gewesen sein muß. Wie in Joyces fast gleichzeitig entstandenem Roman *Ulysses* haben wir es auch bei Proust mit einem Labyrinth zu tun. Joyce hatte sich geradezu als Labyrinthbauer definiert, was schon darin zum Ausdruck kommt, daß er in seinem ersten Roman *Portrait of the Artist As a Young Man* (*Jugendbildnis*) dem Helden Stephen, seinem Alter ego, den Nachnamen Daedalus gab, also den Namen des mythologischen Kunsthandwerkers, der das Labyrinth von Knossos erbaut haben soll. Und im *Ulysses* kehrt Dedalus in nur leicht veränderter Schreibweise wieder. Prousts Erzähler versteht sich als einer, der selber durch das Labyrinth seiner Erinnerungen wandert und dabei immer wieder verloren umherirrt, um dann nach einer plötzlichen Wendung vor etwas völlig Vertrautem zu stehen. Wie planvoll dieses Erzählprinzip ist, zeigt sich an dem folgenden Beispiel. Im ersten Band (S. 155) erzählt er von einem Spaziergang der ganzen Familie, bei dem alle glaubten, daß sie sich hoffnungslos verirrt hätten. Nur der Vater lacht, »und als habe er es mit dem Schlüssel aus der Westentasche gezogen, wies er auf das rückwärtige Gartenpförtchen unseres Grundstücks unmittelbar vor uns hin«. Seine Frau bewundert ihn dafür, und der Sohn, der Erzähler, kehrt selig in die Welt des Vertrauten zurück. Fast dreitausend Seiten später beschreibt der Erzähler eine ähnliche Heimkehr ins Vertraute und nimmt dabei das obige Bild wieder auf. Während eines Konzerts versucht er, sich in der ihm fremden Musik zurechtzufinden. Er wünscht sich, daß ihm wie im Märchen ein Genius als Führer erschiene.

> In diesem Augenblick aber wurde auch ich mit einer solchen magischen Erscheinung begnadet. Wie wenn in einer Landschaft, die man nicht zu kennen meint, in die man aber tatsächlich nur von einer anderen Seite her gelangt ist, sich plötzlich nach einer weiteren Biegung des Weges ein neuer auftut, dessen geringste Einzelheiten einem vertraut erscheinen und den man nur nicht gewohnt war von dort aus zu betreten, und man sich dann plötzlich sagt: ›Aber das ist ja der kleine Weg, der zu dem Gartenpförtchen meiner Freunde führt . . .‹, so

bemerkte ich, wie ich mich plötzlich inmitten dieser für mich neuen Musik in der Sonate von Vinteuil befand.

(Bd. 10, S. 335)

Diese Sonate ist eines der vielen Leitmotive, die in Prousts Labyrinth als Wegweiser des Vertrauten fungieren. Joyce baute sein Labyrinth, um darin das Chaos der Realitätspartikel eines einzigen Tages einzufangen, so wie Daedalus auf Knossos den Minotaurus in das Labyrinth einsperrte. Proust findet sich selbst im Labyrinth seiner Erinnerungen und tastet sich darin von einem Wegweiser des Vertrauten zum nächsten. Dabei bleibt das Grundprinzip der Parallelität von Erinnerung einmaliger und unwiederholbarer Realität und generalisierender Reflexion gewahrt, so daß es ihm damit gelingt, die Extrempunkte der realistischen Ästhetik, die sich auszuschließen schienen, in einem einzigen Werk zusammenzubringen.
Noch ein weiterer Vergleich drängt sich auf, nämlich der mit Max Frischs Roman *Mein Name sei Gantenbein*. Thematisch liegt dies schon deshalb nahe, weil im Mittelpunkt beider Werke eine obsessive Beschäftigung mit Liebe und Eifersucht steht. Bei Frisch aber haben wir es mit einer völligen Umkehrung des realistischen Schemas zu tun. Sein Held *konstruiert* sein Leben, indem er zuerst beliebige Möglichkeiten reflektiert, dann eine davon auswählt, sie in eine Geschichte verwandelt und aus solchen Geschichten etwas zusammenfügt, das er für sein Leben hält. Bei Proust hingegen, der noch das realistische Vertrauen in die tatsächlich erlebte Wirklichkeit hat, *rekonstruiert* der Erzähler sein Leben aus der Erinnerung und begleitet die Rekonstruktion mit einem Strom von Reflexionen, in denen er allgemeine Deutungsmöglichkeiten erwägt, ohne auch nur einer davon eine besondere Verbindlichkeit zuzugestehen.

Die Auflösung des Realismus
James Joyce: Ulysses *(1922)*

Die seit der Jahrhundertwende immer deutlicher werdende Krise des realistischen Erzählens, der Proust durch den Blick zurück in die letzte noch fraglose und unmittelbar zugängliche Realität ausgewichen war, wird von Joyce durch einen radikalen Schritt nach vorn zum Ausbruch gebracht. Die Veröffentlichung seines *Ulysses* im Jahre 1922 markiert einen so tiefen Einschnitt in die Geschichte des Romans, daß seitdem immer wieder von Kritikern behauptet wurde, kein ernstzunehmender Autor könne nach diesem Bruch mit der Tradition jemals wieder in den Stand der epischen Unschuld des 19. Jahrhunderts zurückkehren. Mit solchen apodiktischen Prognosen sollte man vorsichtig sein. Wenn Hölderlin um 1800 an den Griechen Pindar anknüpfen konnte, der im 5. Jahrhundert v. Chr. lebte, und wenn die ganze europäische Renaissance über die Jahrhunderte des Mittelalters hinweg aus dem Brunnen der Antike schöpfte, dann ist nicht einzusehen, weshalb der heutigen Literatur der Weg zurück ins Paradies ungebrochener Erzählfreude versperrt sein soll. Um Zweifel an der obigen These zu bekommen, braucht man nur auf ein Buch wie Günter Grass' *Blechtrommel* zu schauen, das nicht aus postjoyceschem Geist entsprungen ist, sondern viel eher an Rabelais und die barocken Schelmenromane anknüpft. Andererseits wird aber kaum ein Autor umhinkönnen, sich mit dem durch Joyce markierten Bruch auseinanderzusetzen.

Auch der *Ulysses* ist eine Erzählung, die sich aus Abbildern realer Wirklichkeit aufbaut. Das Buch stellt Begebenheiten eines einzigen Tages, nämlich des 16. Juni 1904, in Dublin dar, die von drei Personen – Stephen Dedalus, Leopold Bloom und seiner Frau Marion – erlebt werden. Eine Fülle weiterer höchst realistischer Details rankt sich um diese drei Gestalten, darunter exakt dokumentierte Ereignisse, die man in einer Tageszeitung vom 16. 6. 1904 nachlesen könnte. Und doch macht Joyce keinen Versuch, diesen als Bloomsday bezeichneten Tag (mit ironischem Echo auf Doomsday = Jüngster Tag) nach Proustscher Manier als Erinnerungskontinuum aus dem Bewußtsein seines Helden Leopold Bloom heraus zu entwickeln. Statt dessen benutzt er die realen Daten so, wie ein moderner Maler ein riesenhaft vergrößertes Foto benutzt, der dieses übermalt und mit unzähligen Bruchstücken zerschnipselter Kunstpostkarten überklebt, so daß eine labyrinthische Collage entsteht, in der der Kunstkenner wie in einem Bilderrätsel nach und nach die ganze Kunst des Abendlands entdecken könnte. Joyce schuf also kein realistisches Abbild der Wirklichkeit, sondern zerschlug diese in unzählige Trümmer und setzte sie nach einem System von extremer Künstlichkeit neu zusammen. Das Ausgangsmaterial war, wie gesagt, das vergrößerte »Foto« des 16. Juni 1904, eines Tages von banalster Alltäglichkeit. Auf das »Foto« projizierte er als erstes das Strukturschema einer der ältesten und ehrwürdigsten Dichtungen des Abendlandes, das der *Odyssee*. Joyce übernimmt nicht die von den Alexandrinern sehr viel später vorgenommene Einteilung in 24 Bücher, sondern gliedert den Handlungsverlauf in 18 Episoden, die sich dennoch eng an das Homerische Vorbild halten. Die drei einleitenden Episoden entsprechen der Telemachie in Homers Epos, die zwölf folgenden beziehen sich auf je eine Episode der Irrfahrten des Odysseus, wobei nur die zehnte Episode absichtsvoll von Homer abweicht; und die drei abschließenden entsprechen der Heimkehr des Homerischen Helden nach Ithaka. Leopold Bloom ist Joyces Odysseus, Stephen Dedalus der Telemachos und Marion Bloom die Penelope. Dedalus ist zwar nicht Blooms wirklicher Sohn, wird aber von diesem wie ein geistiges Ziehkind angesehen. In das so entstandene, mit dem Homerischen Gradnetz überzogene »Foto« des 16. Juni 1904 fügte Joyce nun unzählige Partikel aus der Kultur- und Geistesgeschichte des Abendlandes ein, die nach einem raffinierten Plan angeordnet wurden. Stuart Gilbert hat diesen Plan schon acht Jahre nach Erscheinen des Romans in einem Buch aufgezeigt, zu dem Joyce selbst wesentliche Informationen beigesteuert hat. Seitdem hat die weltweite Joyce-Gemeinde zahllose weitere Finessen aufgedeckt, so daß der *Ulysses* inzwischen das wohl am gründlichsten erforschte Erzählwerk der Weltliteratur sein dürfte.

Jedem Kapitel ist, ohne daß ein Titel oder etwas anderes darauf hinweist, eine Episode aus der *Odyssee* zugeordnet. Diese wird in eine Handlungsepisode des Romans übersetzt, wobei der Zusammenhang nur über eine komplexe und meist sehr ironische Analogie zu erschließen ist. Jede Episode erhält als nächstes einen symbolisch-allegorischen Schauplatz und als Handlungszeit eine genau angegebene Stunde besagten Tages. Des weiteren wird jeder Episode eine bestimmte Kunst (bzw. Wissenschaft), ein zentrales Symbol und eine bestimmte »Technik« zugewiesen. Fünfzehn Episoden erhalten als weitere symbolische Ausstattung ein Organ des menschlichen Körpers und acht werden von einer bestimmten Farbe dominiert. Wollte man versuchen, die Ausfüllung dieses Schemas nun im einzelnen darzustellen, so würde sich daraus ein Buch von etlichen hundert Seiten ergeben. Für unsere Zwecke muß es genügen, an einigen Beispielen die Darstellungstechnik des Buches zu erläutern. Eine der virtuosesten Episoden ist die vierzehnte, in der Leopold Bloom die Frau seines Freundes Purefoy in einem Hospital besucht, wo sie ein Kind erwartet. Bloom trifft sich dort mit anderen Freunden; und als das Kind geboren ist, wird das freudige Ereignis auf irische Weise mit einem Trinkgelage gefeiert. Die Homerische Bezugsepisode ist die, in der sich die Mannschaft des Odysseus an den Ochsen des Sonnengotts vergriff. Rinder sind von alters her, und in Irland in besonderem Maße, Symbole der Fruchtbarkeit. In seinem autobiographischen Erstlingsroman *A Portrait of the Artist as a Young Man* (*Jugendbildnis*) läßt Joyce die Erzählung gleichsam aus der mythischen Fruchtbarkeit Irlands herauswachsen, indem er sie mit einem Kindervers aus der irischen Folklore beginnt, der von einer Muh-Kuh erzählt. Das Kapitel »Rinder des Sonnengottes« handelt nirgends von Kühen, und trotzdem wird der Text unterschwellig von einem Rindermotiv durchzogen, das immer wieder unvermittelt an die Oberfläche tritt, so z. B. in einem französischen Ausruf »Mort aux vaches« (= Tod den Kühen) oder in einem deutschen Nietzsche-Zitat »Deine Kuh Trübsal melkest Du.« Als Schauplatz ist dem Kapitel das Hospital zugeordnet, als Uhrzeit zehn Uhr abends, als Organ die Gebärmutter, als Kunst die Medizin, als zentrales Symbol das Bild der Mütter und als »Technik« die embryonale Entwicklung. Letztere wird von Joyce in Erzähltechnik übersetzt, indem er die gleichsam embryonale Entwicklung der englischen Sprache dadurch nachbildet, daß er die charakteristischen Stile von der Antike bis zur Gegenwart parodistisch imitiert. Allein diese Episode gab bereits Stoff für etliche Dissertationen.

Auf ähnlich artifizielle Weise sind auch die übrigen Episoden gestaltet. In den beiden letzten werden Bloom und seine Frau Marion (= Molly) noch einmal archetypisch als das männliche und weibliche Prinzip kontrastiert. Das Bloom gewidmete Ithaka-Kapitel ist in der Form eines Katechismus geschrieben, bei dem alles in ein Frage-Antwort-Schema aufgelöst wird. Dies soll die männliche, wissenschaftlich-dialektische Denkweise zum Ausdruck bringen, weshalb ihr als Organ das Skelett, als Kunst die Wissenschaft und als Symbol das Bild schweifender Kometen zugeordnet sind. Dem wird im Schlußkapitel das Prinzip des Weiblichen gegenübergestellt. In einem langen inneren Monolog, der ohne jegliche Interpunktion durch das Bewußtsein Molly Blooms flutet, werden deren Erinnerungen, Gefühle und Assoziationen ausgedrückt, die ohne raumzeitliche Koordinaten in einem irrationalen Bewußtseinsstrom dahinfließen. Deshalb ist dieser Episode weder eine bestimmte Uhrzeit, noch eine Kunst zugewiesen, als Ort hingegen das Bett, als Organ das Fleisch und als Symbol die Erde. Molly Bloom verkörpert als Frau die fruchtbare Erde und das irrationale Prinzip der lebendigen Seele. Ihre von erotischen Erinnerungen und Fantasien durchsetzten Assoziationen münden in ein geradezu orgiastisches Ja zum Leben.

> [. . .] und ich hab gedacht na schön er so gut wie jeder andere und hab ihn mit den Augen gebeten er soll doch nochmal fragen ja und dann hat er mich gefragt ob ich will ja sag ja meine Bergblume und ich hab ihm zuerst die Arme um den Hals gelegt und ihn zu mir niedergezogen daß er meine Brüste fühlen konnte wie sie dufteten ja und das Herz ging ihm wie verrückt und ich hab ja gesagt ja ich will Ja.
>
> (Schluß)

Der *Ulysses* ist ein Buch, das viele Leser erst einmal abschreckt. Wenn sie sich dann aber doch daranmachen und sich von Kritikern wie Gilbert durch das Labyrinth führen lassen, dann werden aus anfangs Widerstrebenden meist sehr schnell Süchtige, die von dem Buch nicht mehr loskommen und noch nach Jahren immer neue unerschlossene Nischen darin entdecken. Wer sich freilich sein Urteil nur nach der hier versuchten, naturgemäß sehr dürren Beschreibung bildet, wird vielleicht den Eindruck eines zwar raffinierten, aber doch nur kunstgewerblichen Konstrukts haben. Daß dieser Eindruck falsch ist, wird man bei der Lektüre des Buches sehr rasch merken; denn das elaborierte System wird durchaus nicht trocken-pedantisch in Sprache umgesetzt, sondern mit Witz, Ironie, hintergründigem Humor, mit skurrilen Einfällen und makabren Scherzen, die jeden Anspruch angestrengter Kunstübung sogleich wieder ironisch relativieren. So wird z. B. Blooms eintägige Irrfahrt durch Dublin nicht nur von Kulturzitaten begleitet, in denen neben Thomas von Aquin und Shakespeare zahlreiche weitere Geistesgrößen des Abendlandes direkt oder durch Anspielungen genannt werden, es begleitet ihn außerdem ein Stück Seife, das er unterwegs gekauft hat und das sich mit seinem Zitronenduft ständig in sein Bewußtsein drängt. Dies ist nicht die romantische und zuweilen etwas gravitätisch anmutende Ironie Thomas Manns, sondern eine an Swift erinnernde, kühle und gelegentlich makabre Balance zwischen dem Erhabenen und dem Banalen, wie wir sie später auch bei

Beckett finden, der sie von Joyce übernommen hat. Thomas Mann war bis zuletzt dem Erzähltypus des Realismus verpflichtet geblieben, auch wenn er ihn im *Zauberberg* so ausweitete, daß er ein ähnliches Abbild der Kulturkrise des Abendlands entwerfen konnte wie Joyce. Aber die Krise ist bei ihm Gegenstand des Erzählten, während sie bei Joyce gänzlich in künstlerische Form umgesetzt wird. So ist Joyce zweifellos der modernere von beiden, auch wenn er nur sieben Jahre jünger war als Thomas Mann und vierzehn Jahre vor ihm starb.

Die Überwindung des Realismus
Franz Kafka: Das Schloß *(1926)*

Wer sich durch den *Ulysses* hindurchgearbeitet hat und danach zu Franz Kafkas Roman *Das Schloß* greift, wird sich ins 19. Jahrhundert zurückversetzt fühlen. Während bei Joyce fast jeder Satz nach einem Kommentar verlangt, sind Kafkas Sätze so glasklar und – wie es scheint – auf Anhieb verständlich wie die Prosa von Stifter oder Hebel, die Kafka so gerne las. Hat man dann aber mit Hilfe von Wörterbüchern und Sekundärliteratur den *Ulysses* nach monatelanger Arbeit dekodiert, dann könnte man von seinem Labyrinth einen Plan zeichnen, der so exakt wäre wie ein Stadtplan Dublins. Ganz anders bei Kafka. Seinen Roman kann man in einem Zuge herunterlesen, und danach steht man vor einem Labyrinth, das um so verwirrender wird, je länger man darin umherirrt. Es geht dem Leser dabei mit dem Roman wie dem Romanhelden mit dem Schloß: je mehr er sich ihm nähert, um so mehr scheint es sich von ihm zu entfernen. Dies ist in groben Zügen die Handlung: Ein Landvermesser namens K. kommt in ein Dorf, weil er angeblich von einer Schloßbehörde dorthin gerufen wurde. Sieben Tage lang versucht K., zum Schloß vorzudringen. Aber obwohl dieses ganz nahe beim Dorf zu liegen scheint, ist es K. nicht möglich, es zu erreichen. Er glaubt, auf einer Straße schnurstracks darauf zuzumarschieren, und muß doch feststellen, daß er sich eher davon entfernt. In den sieben Tagen seines vergeblichen Bemühens lernt er Dorfbewohner kennen, die sehr unterschiedliche Beziehungen zum Schloß haben. Einige nehmen seine Existenz unbefragt hin, andere arbeiten für die Schloßverwaltung, biedern sich bei ihr an oder praktizieren eine hündische Unterwerfung. Eine Frau aber, Amalia, stellt sich in trotzig-stolzer Verweigerung gegen das Schloß. Sie hatte die sexuelle Annäherung eines Schloßangestellten zurückgewiesen und wurde daraufhin mitsamt ihrem Vater Barnabas und der ganzen Familie von der Dorfgemeinschaft mit totaler Ächtung belegt. Ihre Schwester Olga bemüht sich in endlosen Bittgängen um Versöhnung mit der geheimnisvollen Behörde und gibt sich jede Woche den rohen Stallknechten des Schlosses hin. Auch K. trifft die Ächtung, als er Beziehung zu der Familie des Barnabas aufnimmt. Zuvor hatte er bereits eine eheähnliche Beziehung zu einem Schankmädchen namens Frieda, die vorher die Geliebte Klamms, eines hohen Schloßbeamten, gewesen war. Das sogenannte »Herrenhaus«, in dem Frieda serviert, ist zugleich der Ort, an dem die Schloßbeamten im Dorf absteigen, um dort des Nachts undurchschaubare Verwaltungsakte zu vollziehen. Ein einziges Mal gelingt es K. durch Zufall, die Behörde zu überrumpeln, als er unangemeldet in das Zimmer des Schloßsekretärs Bürgel eindringt. Doch obwohl dieser dem Eindringling offen bekennt, daß ein Schloßbeamter in einer solchen Situation völlig wehrlos sei und dem Eindringenden jede Bitte erfüllen müsse, nutzt K. die einmalige Gelegenheit nicht. Von Müdigkeit überwältigt, verfällt er in Schlaf. Nach Aussage von Max Brod, dem Freund Franz Kafkas, der das Buch nach dessen Tod herausgegeben hat, sollte der Roman damit enden, daß K. am siebten Tag vor Entkräftung just in dem Augenblick stirbt, als die Nachricht vom Schloß eintrifft, daß ihm in Zukunft erlaubt werde, im Dorf zu leben und zu arbeiten.

Ein ganzes Heer von Literaturwissenschaftlern hat – bisher

ohne Erfolg – versucht, Kafkas Labyrinth so zu kartographieren, wie es die Joyceaner längst für ihren Dichter getan haben. Das Stoffliche der Erzählung gibt dabei kaum Probleme auf, sieht man einmal von der Tatsache ab, daß der Roman unvollendet blieb und daß infolgedessen auch der vorliegende Teil nicht unbedingt als das letzte Wort des Dichters angesehen werden muß. Selbst wenn man Textänderungen vornähme, Kapitel umstellte und ganze Episoden ausdächte, um das Fragment zu vervollständigen, so würde dies auf die zentralen Fragen ohne nennenswerten Einfluß bleiben. Diese Fragen lauten: Für welchen Wert (oder Unwert) steht das Schloß, und welche Haltung ihm gegenüber wird von dem Roman als die moralisch gebotene dargestellt? Alle Werke der Weltliteratur, die menschliche Wirklichkeit abbilden und sich mit deren Problemen auseinandersetzen, haben solch ein normatives Gerüst. Noch die obszönste Sittenkomödie, sofern sie Anspruch auf künstlerischen Rang hat, läßt klar erkennen, auf welche moralische Norm die dargestellte Unmoral bezogen ist. Die Frage ist also, ob auch in diesem Roman solch ein normatives Gerüst erkennbar ist.

Wofür steht das Schloß? Daß es eine machtvolle, Unterwerfung heischende Autorität darstellt, ist offenkundig. Doch weit weniger klar ist, ob es sich um eine positive, negative oder zwiegesichtige (um nicht zu sagen zwielichtige) Autorität handelt. Noch unklarer bleibt, ob damit eine reale, also politische und gesellschaftliche, oder eine metaphysische Autorität gemeint ist, etwa Gott, die Wahrheit oder ein anderes letztes Sinnprinzip. Der Roman selbst gibt hierzu keine verläßlichen Hinweise. Ein Blick in die übrigen Werke Kafkas lehrt zwar, daß die Vorstellung einer übermächtigen Autorität für ihn obsessiven Charakter gehabt haben muß, doch auch dies hilft nicht, die aufgeworfenen Fragen zu beantworten. Im *Prozeß* wird der Held, ebenfalls mit Namen K., auf Veranlassung eines geheimnisvollen Gerichts verhaftet, verhört, verurteilt und zuletzt hingerichtet. In der Erzählung *In der Strafkolonie* läßt schon der Titel auf die

Exekutivgewalt einer unerbittlichen Autorität schließen. In vielen anderen Erzählungen Kafkas wird direkt oder mittelbar die Überwältigung, Demütigung oder Einschüchterung eines Menschen durch eine Autorität dargestellt. Wollte man dafür eine biographische Wurzel angeben, brauchte man nicht lange zu suchen. In seinem berühmten *Brief an den Vater* legt Kafka schonungslos sein schwieriges Verhältnis zum Vater offen, unter dessen Unverständnis für seine prekäre Existenz als Schriftsteller er tief gelitten hat und dem er sich zugleich durch eigene Schuld so tief unterlegen fühlte, daß er ihn fürchtete. Der Brief beginnt mit dem Satz: »Du hast mich letzthin einmal gefragt, warum ich behaupte, ich hätte Angst vor Dir.« Darauf folgt eine vierzigseitige Analyse der eigenen Unzulänglichkeit, in die aber zugleich eine subtile Selbstrechtfertigung eingewoben ist.

Kafka ist für Psychoanalytiker der klassische Fall eines Mannes, der unter einer neurotischen Vaterbindung litt und sich daraus zu befreien versuchte. Was andere mit Hilfe eines Psychiaters tun, tat er, indem er sein Problem dichterisch objektivierte und das Ringen um Autonomie gegen eine übermächtige Autorität zum Grundthema seiner Werke machte. Was ihn dabei gegenüber der großen Masse ähnlicher Selbstrechtfertigungsliteratur auszeichnet, ist die kalte Unbestechlichkeit, mit der er von jeder billigen Schuldzuweisung absieht und, von seinem eigenen Dilemma ausgehend, das existentielle Dilemma des Menschen als Gattungswesen freilegt. Er tut dies, indem er mit forensischer Schärfe jede Frage, statt sie zu beantworten, noch einmal hinterfragt. Das Forensische hat natürlich etwas mit seiner Ausbildung als Jurist zu tun. Kafkas Stil ist geprägt von hypothetischen »Wenn-dann«-Setzungen, und das vielleicht charakteristischste Wort bei ihm ist die Konjunktion »aber«. Fast jede Aussage, die in die Nähe von Eindeutigkeit kommt, wird sogleich durch einen Aber-Satz eingeschränkt. Da dies so ist, ist es nur natürlich, daß sich dem Schloß keine bestimmte Bedeutung zuweisen läßt. Es steht für Autorität, soviel ist klar. Diese Autorität erscheint auch als etwas objektiv Gegebenes. Aber zur Autorität scheint sie nur dadurch zu werden, daß sie als solche anerkannt wird. Würden die Menschen sich ihr respektlos nähern, so würden sie feststellen, daß das aus der Ferne so imposant erscheinende Schloß aus der Nähe betrachtet ein vor sich hinbröckelndes, von Verfall gezeichnetes Bauwerk ist. Andererseits bedeutet die dem Schloß zuerkannte Autorität für die Menschen eine von diesen gewünschte Sinnstiftung, ohne die ihr Leben völlig sinnleer wäre. Selbst die, die unter dem Schloß leiden, bemühen sich in hündischer Ergebenheit um das Wohlwollen der Autorität. Sogar Amalia, die dem Schloß trotzt, zieht das heroische Pathos der so bewahrten Autonomie aus diesem Widerstand.

Die Heteronomie unter der Autorität des Schlosses ist also überhaupt erst die Voraussetzung für das Erringen von Autonomie. Aber auch diese Selbstbehauptung wird nicht als die positive Lösung offeriert; denn Amalia hat durch ihren Widerstand die eigene Familie in tiefstes Leid gestoßen, und nicht einmal sie selbst kann aus ihrem Trotz den kathartischen Trost der Märtyrerin ziehen. Daß Amalia mit A, Olga mit O anfängt, könnte darauf hindeuten, daß beider extrem gegensätzliches Verhalten – die äußerste Selbstbewahrung und die äußerste Selbstaufgabe – von Kafka als das A und O, als die Eckpunkte menschlicher Existenz dargestellt werden. Frieda, die dritte Frauengestalt, wird im Manuskript oft als F. abgekürzt, und man geht kaum fehl in der Annahme, daß das F. auf Felice Bauer, Kafkas Verlobte, hinweist, während sich hinter K. seine eigene Person verbirgt. Frieda steht zwischen den Extremen und versucht sich vermittelnd durchzulavieren, indem sie erst mit Klamm ein Verhältnis eingeht, um sich das Schloß geneigt zu machen, und dann zu K. überwechselt, in der Hoffnung, mit ihm auswandern zu können, um so aus dem Gegensatz herauszukommen.

Das Erreichen einer solchen Mittelposition ist im realistischen Roman des 18. und 19. Jahrhunderts die klassische Lösung des jeweils thematisierten Problems. Bei Kafka ist aber auch dies kein Ausweg. Wie es scheint, sieht er überhaupt keine positive Lösung. Wer sich dem Schloß unterwirft, ist sein Leben lang abhängig, so wie im *Prozeß* gezeigt wird, daß jeder, der das Gericht anerkennt, schuldig ist. Wer sich nicht unterwirft wie Amalia, muß ein lebenslanges Leiden ohne jede moralische Befriedigung in Kauf nehmen. Wer das Schloß aus seinem Bewußtsein drängt wie die meisten der Dorfbewohner, lebt in dumpfer Trivialität. Die einzige Lösung wäre, von dem Schloß nichts zu wissen. Das ließe dem Menschen die Möglichkeit, aus dem Einklang mit sich selbst heraus in voller Freiheit zu leben. Dies aber ist nur dem Tier möglich, wie Kafka in der Erzählung *Ein Bericht für eine Akademie* aus der Sicht eines menschgewordenen Affen darlegt. Dieser Affe war von Menschen gefangen worden, und da er keine Möglichkeit einer Rückkehr sah, trat er die Flucht nach vorn an und wurde Mensch. Als solcher erkennt er die heteronomen Wertsetzungen der Menschheit an, also Wissenschaft, Bildung und gesellschaftliche Achtung. Nur manchmal fühlt er noch, wie aus einem sich immer weiter entfernenden kleinen Loch der Wind seiner früheren Freiheit weht und ihm »die Ferse kühlt«. Menschwerdung wird hier als ein »sich in die Büsche schlagen« definiert, als eine zweitbeste Lösung, die aus der Not eine Tugend macht, weil die beste Lösung nicht möglich ist. Die beste Lösung ist ganz offensichtlich die, die sich die Menschen seit je unter dem Zustand vorgestellt haben, in dem sich Adam befand, bevor er vom Baum der Erkenntnis aß. Kleist hat dies in seinem Aufsatz *Über das Marionettentheater* ähnlich gleichnishaft dargelegt wie Kafka in diesem *Bericht*. Der Weg zurück ins Paradies ist aber für immer versperrt. Für einen Juden wie Kafka, der sich an einem ungnädigen Vater wundrieb, lag die Vorstellung einer mächtigen Autorität vor dem Tor zum Paradies nahe, in der sich Züge Jehovas mit denen des Vaters mischten. Kein Wunder also, daß er immer wieder solche Autoritäten gestaltete und sie in der bekannten Parabel *Vor dem Gesetz* zu unvergleichlicher Dichte komprimiert hat.

In seinen drei Romanen hat Kafka dieses zentrale Problem

auf drei verschiedene Weisen thematisiert. In *Amerika* läßt er die Erzählung in eine utopische Vision münden. Karl Roßmann, der Held, findet zuletzt Aufnahme in einem künstlichen Paradies, »dem Naturtheater von Oklahoma«. Hier entwirft Kafka die Utopie eines nichtentfremdeten Daseins, in dem der Widerspruch von Selbstbestimmung und Fremdbestimmung dadurch aufgehoben wird, daß sich alle völlig freiwillig in den großen Plan eines Totalkunstwerks einfügen. Dieses Buch ist insofern Kafkas utopische Ästhetik, gleichsam seine *Kritik der Urteilskraft*. Im *Prozeß* schuf er, um die Kantische Analogie fortzusetzen, seine *Kritik der praktischen Vernunft*; denn es geht hier um das ethische Problem der Schuld. Und auch hier verzichtet Kafka auf eindeutige Aussagen. Schuldig ist K. schon dadurch, daß er die gerichtliche Instanz überhaupt anerkennt, indem er auf sie reagiert. Das bloße Bewußtsein vom Vorhandensein eines Gesetzes macht den Menschen bereits schuldig. Und der einzige Ausweg wäre auch hier, nichts vom Gesetz zu wissen. Im *Schloß* schuf Kafka gewissermaßen seine *Kritik der reinen Vernunft*; denn hier entspricht das Schloß dem normativen System, das die Vernunft sich selbst vorgibt. Aber es ist, anders als bei Kant, keine Wahrheit, deren Anerkennung und Bejahung den Menschen frei macht. Die Freiheit ist für Kafka jenseits des Lochs, aus dem der Wind weht, der dem menschgewordenen Affen die Ferse kühlt. So wie sich das Problem in seinen Erzählungen und auch in sonstigen Äußerungen immer wieder darstellt und wie es vor allem im *Schloß* vorgeführt wird, ist der Mensch zwischen das A und O gestellt, wie es durch Amalia und Olga verkörpert wird. Und doch scheint bei Kafka noch eine Hoffnung durchzuschimmern. In einem Fragment schreibt er:

> Mit stärkstem Licht kann man die Welt auflösen. Vor schwachen Augen wird sie fest, vor noch schwächern Augen bekommt sie Fäuste, vor noch schwächern wird sie schamhaft und zerschmettert den, der sie anzuschauen wagt.

Immer wieder hat Kafka die obsessive Vorstellung gestaltet, daß ein »Fehlläuten der Nachtglocke« (in *Der Landarzt*), ein unbesonnenes Sich-Ablenkenlassen (z.B. K.s Affäre mit Leni im 6. Kapitel des *Prozeß*), die momentane Fehlsteuerung eines Kahns (im *Jäger Gracchus*) oder ein anderes durch ein Nachlassen der Bewußtheit ermöglichtes Ereignis den Menschen an die Welt ausliefern kann. Darin liegt aber auch die entgegengesetzte Möglichkeit, durch äußerste Wachheit die Welt zu überwinden. Im *Schloß* hatte K. diese Möglichkeit, als er Bürgel überrumpelte und dieser ihm jede Bitte hätte erfüllen müssen. Doch K. war nicht wach genug. Statt die einmalige Chance zu nutzen, verfiel er, von Müdigkeit überwältigt, in Schlaf. Bei Kleist, auf dessen Marionettengleichnis wir verwiesen, ist gerade der Schlaf ein Tor, durch das der träumende Mensch in die Instinktsicherheit seiner paradiesischen Unschuld zurückkehrt. Bei Kafka ist es genau umgekehrt. Bei ihm ist äußerste Wachheit die einzige Möglichkeit, dem Dasein standzuhalten. Auch der Mann vom Lande, der vor das Gesetz kommt und Einlaß begehrt, gibt bereits am vordersten Tor auf, obwohl ihm der Türhüter sagt:

> »Wenn es dich so lockt, versuche es doch, trotz meines Verbotes hineinzugehn. Merke aber: Ich bin mächtig. Und ich bin nur der unterste Türhüter. Von Saal zu Saal stehn aber Türhüter, einer mächtiger als der andere. Schon den Anblick des dritten kann nicht einmal ich mehr ertragen.«

Der Mann hätte also durchaus versuchen können hineinzugehen. Vielleicht wären seine Augen mit dem Passieren jedes weiteren Türhüters so stark geworden, daß er am Ende »mit stärkstem Licht die Welt hätte auflösen können«. Auch der Affe hatte aufgegeben und sich durch die Menschwerdung »in die Büsche geschlagen«. Ebenso gab der Hungerkünstler in der gleichnamigen Erzählung auf, nach einer Speise zu suchen, die ihm schmeckte. Statt dessen machte er aus der Not eine Tugend und wurde Hungerkünstler. Mutlosigkeit und Müdigkeit einerseits und übereilte Ungeduld andererseits werden bei Kafka immer wieder als Ursachen eines existentiellen Versagens dargestellt. Er sagte einmal:

> Es gibt zwei menschliche Hauptsünden, aus welchen sich alle andern ableiten: Ungeduld und Lässigkeit. Wegen der Ungeduld sind [die Menschen] aus dem Paradiese vertrieben worden, wegen der Lässigkeit kehren sie nicht zurück. Vielleicht aber gibt es nur eine Hauptsünde: die Ungeduld. Wegen der Ungeduld sind sie vertrieben worden, wegen der Ungeduld kehren sie nicht zurück.

Wer sich nicht wie der menschgewordene Affe »in die Büsche schlägt« und aus Ungeduld die Flucht nach vorn antritt und wer nicht aus Ungeduld in mutlose Lässigkeit versinkt wie der von Schlaf überwältigte K. oder wie der Hungerkünstler, dem müßte dann also der Rückweg offenstehen.
Trotz dieses Hoffnungsschimmers läßt Kafka an keiner Stelle seines Romans eine eindeutig positive Wertbehauptung erkennen. Anfangs wurden Kritiker durch Kafkas Judentum auf eine falsche Fährte gelockt und meinten, das Schloß müsse als eine religiöse Instanz gedeutet werden. Das lag schon deshalb nahe, weil der Roman thematisch in einer Tradition zu stehen scheint, die meist mit dem englischen Begriff Quest bezeichnet wird. Es handelt sich dabei um das Motiv der Suche, das in der Gralssuche seine weltliterarisch bedeutendste Ausformung gefunden hat, das aber auch sonst als Archetypus die Literatur durchzieht. Doch mehr als die allgemeinste Motivstruktur hat das Schloß mit dem Gral nicht gemein. K. sucht ja nicht, sondern wird gerufen. Er will im Schloß nichts finden, sondern sich gegen es behaupten. Damit stellt sich nun die abschließende Frage, wie Kafka gegen die vorangegangene Erzählliteratur zu sehen ist. Er selbst sagte einmal in einem Gespräch mit Gustav Janouch:

> Wirkliche Realität ist immer unrealistisch [. . .]. Sehen Sie sich die Klarheit, Reinheit und Wahrhaftigkeit eines

> chinesischen farbigen Holzschnitts an. So sprechen zu können – das wäre etwas!

Und wenig später fährt er fort:

> Kunst ist nicht jene Wahrheit, die ist und außerhalb von uns besteht. Die hat und kann keinen Wert als Kunst haben. Diese ist und kann nur blinde Nachahmung der Natur sein, das heißt eine einfache Wiedergabe der Natur der Materie. Die Materie jedoch muß durch den Geist bearbeitet werden, um zu ewiger Kunst emporzuwachsen [. . .]. Die Materie muß durch den Geist bearbeitet werden. Was ist das? Das ist das Erleben, nichts als das Erleben und Bewältigen des Erlebten. Darauf kommt es an.

Kafka sieht also die Aufgabe der Kunst nicht wie die großen Realisten darin, das Allgemeinmenschliche und Typische in der realen Wirklichkeit freizulegen und als Wahrheit zu vermitteln. Die Wahrheit der Kunst entsteht für ihn erst durch das Erleben. Dieses Erleben, das zeigen alle seine Werke, spaltet die Wirklichkeit in unauflösliche Antinomien. Kafkas Werke machen weder allgemeingültige Aussagen über die Welt, wie sie ist, noch stellen sie eindeutige Forderungen auf, wie sie sein soll, sie gehen vielmehr von ganz »unrealistischen« Hypothesen aus und lassen diese Hypothesen durch das Erleben einer Person in ihre Antinomien aufspalten. Etwa so: Was passiert, wenn ein vollkommen schuldloser Mensch eines Morgens ohne erklärten Grund verhaftet wird? Was passiert, wenn ein Landvermesser in ein Dorf gerufen wird und niemanden findet, der ihn gerufen hat? Was passiert, wenn ein Mann wie Gregor Samsa in *Die Verwandlung* eines Morgens aufwacht und feststellt, daß er sich in ein riesiges Insekt verwandelt hat? Die Antworten auf die gestellten Fragen sind die jeweils erzählten Geschichten, die darstellen, wie die Personen die hypothetische Wirklichkeit erleben und welche unauflöslichen Antinomien dabei für den Leser erkennbar aufbrechen. Da, wo Joyce eine fragmentierte Wirklichkeit mitsamt den ebenso fragmentierten Wahrheitsentwürfen des abendländischen Denkens zu einer kunstvollen Collage zusammenfügt, in der noch einmal fast drei Jahrtausende abendländischer Wirklichkeitserkenntnis Revue passieren, läßt Kafka diesen objektiven Erkenntnis- und Wahrheitsbegriff hinter sich und entwickelt aus einem rein hypothetischen Wirklichkeitsansatz eine erst durch das Erleben entstehende dichterische Wahrheit, die aus lauter unauflöslichen Antinomien besteht. Deshalb kann man den Fiktionstyp seiner Erzählungen auch nicht phantastisch nennen; denn das Phantastische bezieht sich immer auf die Realität, von der es sich abhebt und auf die es – jedenfalls in einer Erzählung von künstlerischem Rang – ein deutendes Licht wirft. Kafkas Wirklichkeit ist weder phantastisch, noch ist sie die extrapolierte Fortsetzung der Wirklichkeit nach Art von Science Fiction. Sie bricht gewissermaßen die Wirklichkeit durch hypothetische Annahmen zur Kategorie der Möglichkeit hin auf und zeigt als Antinomie, was in realistischer Literatur naiv für Wahrheit ausgegeben wird. Ob jemals ein Dichter über diese Position hinausgelangen kann, ist fraglich. Die weitere Entwicklung der Erzählkunst läßt eher darauf schließen, daß Kafka bis zum äußersten Rand des Sagbaren vorgedrungen ist und daß die Erzähler nach ihm wieder auf den festeren Boden des Realismus zurückgekehrt sind, wenngleich nicht mehr naiv wie die klassischen Realisten, sondern in einer vielfach gebrochenen, realitätsverfremdenden Form.

Moderne Anknüpfung an alte Formen
Günter Grass: Die Blechtrommel *(1959)*

Wenn *ein* deutscher Roman aus der zweiten Hälfte dieses Jahrhunderts einen sicheren Platz in der Literaturgeschichte hat, dann ist es *Die Blechtrommel* von Günter Grass. Keinem anderen Prosawerk ist es gelungen, über die Grenzen des deutschen Sprachraums hinweg so dauerhafte Resonanz zu finden. Als dieser Prankenhieb eines Löwen 1959 in die teils betuliche, teils angestrengt moralisierende Literatur der fünfziger Jahre traf, wußte die Kritik sehr rasch, daß ein neuer Maßstab gesetzt worden war. Dabei verzichtete Grass fast ganz auf eine modernistische Erzählweise, wie sie z. B. Uwe Johnson in den im gleichen Jahr erschienenen *Mutmaßungen über Jakob* praktizierte. In der *Blechtrommel* haben wir es mit einer fast konventionellen Erzählform zu tun. Jeder Satz ist unmittelbar verständlich, alles wird ohne Perspektivenwechsel von einem einzigen Ich-Erzähler berichtet, und das Erzählte ist eine handfeste Fabel, eingebettet in den noch handfesteren Stoff der deutschen Geschichte vor, während und nach dem letzten Kriege. Als der dreißigjährige Ich-Erzähler, Insasse einer Nervenheilanstalt, im ersten Kapitel seine Absicht erklärt, sein Leben in Romanform zu berichten, schickt er zuerst einmal eine spöttische Attacke gegen den damals üblichen Modernismus voraus.

> Man kann eine Geschichte in der Mitte beginnen und vorwärts wie rückwärts kühn ausschreitend Verwirrung anstiften. Man kann sich modern geben, alle Zeiten, Entfernungen wegstreichen und hinterher verkünden oder verkünden lassen, man habe endlich und in letzter Stunde das Raum-Zeit-Problem gelöst. Man kann auch ganz zu Anfang behaupten, es sei heutzutage unmöglich, einen Roman zu schreiben, dann aber, sozusagen hinter dem eigenen Rücken, einen kräftigen Knüller hinlegen, um schließlich als letztmöglicher Romanschreiber dazustehn. Auch habe ich mir sagen lassen, daß es sich gut und bescheiden ausnimmt, wenn man anfangs beteuert: Es gibt keine Romanhelden mehr, weil es keine Individualisten mehr gibt, weil die Individualität verloren gegangen, weil der Mensch einsam, jeder Mensch gleich einsam, ohne Recht auf individuelle Einsamkeit ist und eine namen- und heldenlose einsame Masse bildet. Das mag alles so sein und seine Richtigkeit

> haben. Für mich, Oskar, und meinen Pfleger Bruno möchte ich jedoch feststellen: Wir beide sind Helden, ganz verschiedene Helden, er hinter dem Guckloch, ich vor dem Guckloch; und wenn er die Tür aufmacht, sind wir beide, bei aller Freundschaft und Einsamkeit, noch immer keine namen- und heldenlose Masse.

Wenn der Held Oskar so beginnt, die Geschichte seines Lebens aus der Erinnerung hervorzuholen, dann wird sich kein Leser dabei an Proust erinnert fühlen. Auch Joyce und Kafka sind weit entfernt. Wenn man schon nach literarischen Vorbildern sucht, dann dürfte man sie eher in Rabelais oder den spanischen Schelmenromanen des 17. Jahrhunderts finden. Worum geht es?

Oskar Matzerath, 1924 in Danzig geboren, stürzt sich an seinem dritten Geburtstag durch eine Falltür in einen Lagerkeller und stellt danach sein weiteres Wachstum ein. Er entwikkelt sich zu einem Virtuosen auf Blechtrommeln, die er in großen Mengen verbraucht, kann daneben Glas zersingen, erlebt die Vorkriegszeit und den Kriegsbeginn in Danzig, kommt als trommelnder Truppenbetreuer mit einer Fronttheatertruppe an den Atlantikwall, ist danach wieder in Danzig und gelangt als »Ostflüchtling« in einem Güterwaggon nach Westdeutschland, wobei ein plötzlicher Wachstumsschub einsetzt, der ihn von der Größe eines Dreijährigen auf die eines 123 Zentimeter messenden Liliputaners bringt. Als solcher erlebt er die Nachkriegszeit und landet schließlich nach einem Mordprozeß in einer Heilanstalt. Soweit in gröbsten Umrissen das Handlungsgerüst.

Schon das Inhaltsverzeichnis läßt vermuten, daß in den drei Büchern ein Triptychon der Vorkriegs-, Kriegs- und Nachkriegszeit vorgeführt werden soll. Wo Joyce sein Labyrinth mit dem Stoff eines einzigen Tages füllt, baut Grass das seine aus dem Stoff von drei Jahrzehnten. Hatte er in dem eingangs zitierten Text sich ironisch von der Proustschen Raum-Zeit-Thematik distanziert, so tut er in der Mitte des Romans ein Ähnliches in Richtung Joyce, als er Oskar beteuern läßt, daß

er kein neuer Odysseus sei. Was also ist er? Unschwer lassen sich in dem Roman mehrere deutlich verschiedene Erzählebenen voneinander abgrenzen. Die augenfälligste ist die Phantastische, in der Oskar als groteske Figur im Mittelpunkt steht und Aktivitäten entfaltet, die aller realistischen Wahrscheinlichkeit hohnsprechen. Aber schon hier ist es nicht die vertraute Phantastik eines E. T. A. Hoffmann, sondern eine »angeschrägte«, durch surrealistische und nonsenshafte Züge verfremdete. Daß die Figur des Oskar bewußt als Narrenfigur angelegt ist, geht schon daraus hervor, daß Oskar selbst in der Mitte des Romans ein Loblied auf die Hofnarren des spanischen Malers Velasquez singt. Früher war es das Privileg der Narren, daß sie als einzige ihrem König die ungeschminkte Wahrheit sagen durften. Oskar ist der Narr, der die Wahrheit sagt.
Unter der grotesken Schicht des Romans liegt das realistische Substrat von dreißig Jahren Zeitgeschichte. Mit anarchischer Respektlosigkeit läßt Oskar vor den Augen des Lesers diese Zeit Revue passieren. Die Feigheit der Menschen und die banalen Anlässe ihres Mutes, das selbstverständliche Hinnehmen der politischen Verbrechen und der nackte Überlebenskampf jedes einzelnen, all dies wird aus der Narrenperspektive vorgeführt und bloßgestellt. Gleichzeitig aber sieht der Leser ein kollektives politisches Handeln, das das Volk der Deutschen als genauso retardiert erscheinen läßt wie den Zwerg Oskar, der nicht erwachsen werden will. Und selbst der Neuanfang nach dem Kriege beginnt mit einem Wachstumsschub, der über die Krüppelexistenz eines ausgewachsenen Liliputaners nicht hinauskommt. Auf dieser Ebene ist der Roman eine grandiose Satire auf die kollektive Verkrüppelung, die die deutsche Geschichte jener dreißig Jahre charakterisierte. In einigen Szenen ist die Satire von beißendem Sarkasmus, z. B. da, wo Oskars Vater Alfred Matzerath hinter dem Rücken von vier russischen Soldaten, die sich teils mit der Witwe Greff vergnügen, teils den kleinen Oskar tätscheln, sein Parteiabzeichen zu verschlucken versucht. Es bleibt ihm im Halse stecken, worauf er in verzweifelte Zuk-

kungen verfällt, die einen der irritierten Russen dazu veranlassen, das Magazin seiner Maschinenpistole in den zuckenden Körper Matzeraths zu entleeren. Der Roman ist voll von solch makabren Satiren auf den Wahnsinn jener Epoche. Dennoch kann man nicht von einer durchgängig satirischen Erzählung sprechen, da lange Passagen keinen realen Bezugspunkt haben, der als Stoßrichtung der Satire erkennbar wäre.

Über (oder unter) der satirisch-realistischen Schicht liegt nämlich noch eine andere, die durch ein dicht geknüpftes Netz religiöser, genauer gesagt christlich-katholischer Motive repräsentiert wird. Dies kündigt sich bereits im Inhaltsverzeichnis an. Wenn dort Kapitelüberschriften auftauchen wie »Karfreitagskost«, »Die Nachfolge Christi«, »Das Krippenspiel« und »Madonna 49«, dann darf man erwarten, daß diese Thematik breiten Raum einnimmt, wobei freilich noch nicht gesagt werden kann, ob das Religiöse nicht nur eine weitere Zielscheibe der Satire ist. Im Verlauf der Erzählung nehmen die religiösen Motive aber so breiten Raum ein, daß sich dies mit bloßer Satire kaum erklären läßt. Wenn Oskar eine Stiefmutter mit Namen Maria bekommt, wenn er in einer Kirche aus dem Munde einer Jesusfigur die Stimme hört: »Du bist Oskar, der Fels, und auf diesem Felsen will ich meine Kirche bauen. Folge mir nach!« und wenn er die beiden Prozesse, in die er verwickelt wird, als zweiten und dritten Prozeß Jesu bezeichnet, dann spricht daraus sicher keine positive Religiosität, aber es gibt auch keinen Anhaltspunkt dafür, daß hier die Kirche satirisch entlarvt werden soll. Es scheint vielmehr so, als drücke sich darin ein Bewußtsein aus, für das das Heilige nur noch durch seine Negation erfahrbar ist. So wie in Becketts *Warten auf Godot* selbst das Nichterscheinen von Godot noch einen letzten Rest von Transzendenz offenläßt, so hat auch dieser Roman durch seine blasphemische Einbeziehung des Heiligen einen religiösen Horizont. Allerdings wird man durch die *Blechtrommel* weniger an den Iren Beckett erinnert als an den anderen Iren Swift, dessen kalte Ironie darin bestand, daß er das Positive durch dessen sarkastische Negation ausdrückte. Von ihm, einem frommen Kirchenmann, durfte man zumindest annehmen, daß er an die Transzendenz glaubte. Die *Blechtrommel* gibt keinerlei Anhaltspunkt, aus ihr eine positive religiöse Botschaft herauszulesen. Sie zieht aber auch nicht gegen die Religion zu Felde. Ihr makabrer Humor und ihre anarchische Fleischlichkeit lassen durchaus Raum für die nichtrationale Sphäre des Glaubens, und sei es in der Form einer heidnischen Verehrung des sich ans Leben klammernden Fleisches.

Damit kommen wir zur vierten und letzten Schicht, die die drei anderen völlig zu durchdringen scheint und immer wieder in Szenen zum Ausdruck kommt, die auf eine eigentümlich mythisierende Weise aufgeladen sind. Allerdings handelt es sich hier um eine ironisch höchst verfremdete Mythologie. Es beginnt gleich im ersten Kapitel mit der Großmutter Anna Bronski, die mit ihren gewaltigen Röcken wie eine Erdgöttin auf dem Kartoffelacker hockt, und es endet mit der Schwarzen Köchin aus dem bekannten Kinderlied, das den Roman leitmotivisch durchzieht. Oskar wartet auf die Schwarze Köchin wie die beiden Clowns bei Beckett auf Godot. Die Antwort auf die Frage »Ist die Schwarze Köchin da?« ist jedesmal ein Ja–Ja–Ja. Mit diesem dreifachen Ja endet der Roman, so wie Joyces *Ulysses* mit dem dreifachen Ja der Molly Bloom endet. Ähnlich wie Joyce, wenngleich auf ganz andere Weise, gelingt es Grass, seinem Roman ein thematisches Skelett einzuziehen, in dem man durchaus so etwas wie Sinndeutung, wenn auch nur eine ironisch gebrochene, erkennen kann. Seine allgemeinste Struktur ist durch eine Reihe ständig wiederkehrender Polaritäten bestimmt. Da ist zunächst einmal der historisch-politische und von Grass auch ethnisch ausgeführte Gegensatz zwischen Polen und Deutschen. Die traditionellen Klischees von den romantisch-heroischen Polen und den gehorsamen, praktischen Deutschen werden in Gestalt von Oskars beiden mutmaßlichen Vätern gleichermaßen ironisiert: Jan Bronski, der zartfühlende polnische Liebhaber seiner Mutter, ist ein Hasenherz,

Matzerath, der legale Vater, ein Duckmäuser mit Sinn fürs Häusliche. Eine zweite wiederkehrende Polarität ist die Gegenüberstellung von Goethe und Rasputin, die fast immer paarweise genannt werden. Auch dies ist eine persiflierende Anspielung auf das Klischee vom deutschen Schwanken zwischen West und Ost, zwischen westlicher Zivilisation und »russischer Seele«, wie es Thomas Mann in seinen *Betrachtungen eines Unpolitischen* stellvertretend für seine ganze Generation artikuliert hat. Eine dritte Polarität ist der Gegensatz zwischen dem Männlichen und dem Weiblichen, der in dem Roman eine ähnlich archetypische Form annimmt wie im *Ulysses*, aber noch stärker ausdifferenziert wird. Die Erdgöttin Anna Bronski, das träge Fleisch der Lina Greff, die fürsorgliche Geliebte und Mutter Maria, die Somnambule Roswitha und das verräterische Biest Luzie Rennwand, sie alle werden auf eine so überpersönliche, entindividualisierte Weise dargestellt, daß sie wie Ausformungen des Weiblichen schlechthin erscheinen, wiederum ironisch gebrochen. Weit kläglicher schneiden die Männer ab, deren Männlichkeitsrituale auf die gleiche archetypische Weise ironisiert werden. Sie alle haben etwas Zwergwüchsiges an sich, am deutlichsten natürlich Oskar selbst, der sich nahezu ausschließlich durch die Leistungsfähigkeit seines Kopfes und seines Geschlechtsteils definiert. Als Trommler versteht er sich als Künstler. Aber er ist zugleich im Kriege der trommelnde Truppenbetreuer und im Frieden der Werbetrommler, und selbst sein Glied beschreibt er ständig als Trommelstock. Kunst erscheint hier als Fortsetzung des Geschlechtstriebs und als Überkompensation eines Minderwertigkeitsgefühls. Selbst die Szene, in der Oskar mit seinen Eltern zuschaut, wie an der Hafenmole ein Stauer den Kopf eines toten Pferdes aus dem Wasser holt und aus diesem zwei Dutzend glitschiger Aale hervorzieht, hat einen Anflug von perverser Erotik. Das Bild der Aale kehrt – wie so viele andere Bilder – im Fortgang der Erzählung ständig wieder. Das schiere Leben, vor dem Oskars Mutter sich ekelt und das sie durch die Affäre mit dem feinsinnigen Jan Bronski zu veredeln sucht, fließt wie eine dunkle Unterströmung durch den Roman und kommt vor allem in ausgesprochen »oralen« Szenen zum Ausdruck, z. B. in dem erotischen Brausepulverkapitel. Das mythische Bild, in dem alle diese oralen und vitalen Motive zusammenlaufen, ist das der Schwarzen Köchin. Mit ihrer Anrufung endet der Roman, also mit der Apotheose des dunkel-anarchischen, unverwüstlichen und durch nichts unterzukriegenden Lebens. Doch wird diesem schieren Lebensstoff kein Sinndeutungsmuster übergestülpt. Vielmehr benutzt ihn Grass als plastischen Rohstoff für einen Erzählfluß, den er mit großem epischem Atem zu einer fast musikalisch anmutenden Komposition verarbeitet. Dabei benutzt er die oben erwähnten satirischen, religiösen, mythologischen und archetypischen Motive wie Themen, die er zu einem raffinierten Gewebe verknüpft, in dem immer wieder Deutungsmöglichkeiten signalisiert und gleich darauf ironisch zurückgenommen werden. Diese irritierende Unausdeutbarkeit gibt dem Buch seine anarchische Vitalität und wird ihm wahrscheinlich auch dann noch Leser gewinnen, wenn die späteren Werke von Günter Grass mit ihrer allzu eindeutigen und durchsichtigen Satire vergessen sein werden, weil sie ihre Aktualität verloren haben. Allerdings sollte nicht verschwiegen werden, daß die Tendenz zum allzu Eindeutigen sich schon in der zweiten Hälfte der *Blechtrommel* abzeichnet und diese deutlich schwächer erscheinen läßt.

Realismus auf den Kopf gestellt
Max Frisch: Mein Name sei Gantenbein *(1964)*

Christian Friedrich von Blanckenburg, der erste deutsche Theoretiker des bürgerlichen Romans, faßt in seinem *Versuch über den Roman* (1774) die Aufgabe des Romanciers in dem Satz zusammen: »Der Romanendichter zeigt uns in seinem Werke [...] die *möglichen Menschen der wirklichen Welt* (S. 257; Hervorhebung durch ihn selbst). Mit dieser

Formel beschreibt er das poetische Prinzip, das bis in unser Jahrhundert hinein von den meisten Autoren praktiziert wurde. Sie erfanden »mögliche Menschen«, d.h. solche, deren psychisches Verhalten vom Leser nachvollzogen werden konnte, und stellten sie in eine Welt, die ein Abbild der realen Wirklichkeit war. Aus der Spannung zwischen den »möglichen Menschen« und der »wirklichen Welt« entwikkelten sie dann den Kausalnexus einer Folge von Verwicklungen, deren Auflösung der Leser mit Spannung entgegensah. Dieses Grundschema aller realistischen Romane wurde von Joyce, wie wir gezeigt haben, radikal aufgegeben. Er stellte nicht mehr drei mögliche Menschen in eine wirkliche Welt, sondern projizierte drei archetypische Möglichkeiten des Menschen auf eine räumlich und zeitlich exakt bestimmbare Wirklichkeit. Daraus konnte sich kein Kausalnexus mehr entwickeln, sondern nur ein labyrinthisches Muster, das vielfältige Deutungsmöglichkeiten offenläßt. Kafka ging noch einen Schritt weiter und stellte seinen K., der gleichsam die abstrakte Möglichkeit des Menschen schlechthin repräsentiert, in eine hypothetisch angenommene Wirklichkeit, was zu einer ähnlichen Notwendigkeit und Zwangsläufigkeit des Geschehens führte wie im realistischen Roman, nur daß die Spannung jetzt nicht mehr auflösbar war. Wenn das Mögliche in das Wirkliche eindringt, führt dies zu einem der beiden klassischen Romanschlüsse: entweder das Mögliche realisiert sich (Happy-End), oder es scheitert (Desillusionierungsschema). Bei Kafka aber dringt das Mögliche in eine hypothetisch mögliche Wirklichkeit ein und erweist sich in dieser als unmöglich.

Noch einen Schritt weiter geht Max Frisch in seinem Roman *Mein Name sei Gantenbein*. Er beginnt mit einem erzählenden Ich, das der Leser als das einzig Wirkliche in dem Roman erlebt. Dieses Ich erfindet Geschichten, die es »anprobiert wie Kleider«. Geschichten sind bei Frisch also nicht das, was sie für die realistischen Erzähler waren, nämlich die Folge von Ereignissen, die eintreten, wenn ein »möglicher Mensch« sich in die »wirkliche Welt« begibt. Im Gegenteil, der wirkliche Mensch holt sich aus der Kleiderkiste der ungezählten Möglichkeiten seine Geschichten, probiert sie an, und irgendwann entscheidet er sich für eine, die er für sein Leben hält. Frisch sagt es wortwörtlich so in dem wohl meistzitierten Satz des Romans:

> Jeder Mensch erfindet sich früher oder später eine Geschichte, die er für sein Leben hält.
>
> (S. 52)

Der Satz wird von einem erzählenden Ich gesprochen, das sich eine Rolle wählte, der es den Namen Gantenbein gab. Dieser Maske wird sogleich eine Geschichte zugeschrieben, nämlich die, daß Gantenbein blind sei. Da aber ein Ich hinter einer Maske immer weiß, daß es maskiert ist, kann der Erzähler nicht die Maske eines Blinden wählen, sondern nur die eines Sich-blind-Stellenden. Unter dieser Maske probiert er nun mögliche Geschichten wie Kleider an. Er läßt es nicht bei dieser einen Maskierung, sondern schlüpft alternativ in die Rolle eines nach Harvard berufenen Wissenschaftlers namens Enderlin. Beide Rollen werden durch die Beziehung zu ein und derselben Frau, Lila, verbunden. Gantenbein ist ihr Ehemann, Enderlin ihr Geliebter. Später schlüpft der Erzähler noch in die Rolle von Lilas Ex-Ehemann Svoboda. Der Roman entfaltet sich als ein regelrechtes Kostümfest wechselnder Rollen, bei dem immer neue Möglichkeiten ausprobiert werden, bis hin zu der, daß eine Frau die simulierte Blindheit Gantenbeins durchschaut. Das psychologisch Reale an der Erzählung ist der verworrene Gefühlskomplex der Liebesbeziehung zu Lila, der durch die Simulation von drei verschiedenen Beziehungen modellhaft durchgespielt wird und dadurch entwirrt werden soll. Da aber alles nur Geschichten sind, die wie Kleider anprobiert werden, kann keine fiktionale Wirklichkeit entstehen, in die der Leser durch Identifikation hineingezogen wird. Wenn nun also der »mögliche Mensch« bei Frisch das einzig Wirkliche ist und dessen Erlebnis der vermeintlichen Wirklichkeit nur eine Folge möglicher Geschichten, die der Mensch selber erfindet,

dann kann in einem solchen Roman auch keinerlei Kausalnexus zustande kommen, der eine Spannung aufbaut und am Ende zur Lösung bringt.
Frisch hat damit das Schema des realistischen Romans auf den Kopf gestellt. Wo in diesem ein noch unbestimmter, offener Anfang auf einen immer bestimmter und schließlich unausweichlich werdenden Schluß hindrängt, ist bei Frisch der Anfang das einzig Bestimmte, aus dem dann jede beliebige Geschichte hervorgehen kann. Die Beliebigkeit in der Wahl der Geschichten macht es dem Leser unmöglich, auf ein Ende hin gespannt zu sein; statt dessen wird in ihm immer wieder von neuem ein Anfangsinteresse aufgebaut. Dieses wird vom realistischen Roman sukzessiv in Spannung umgewandelt. Da Frisch aber auf diese traditionelle Rezeptionsform verzichtet, muß er gleichzeitig auch deren ästhetisches Ziel aufgeben, nämlich die Auflösung der gespannten Erwartung. Wenn ein Roman eine solche Erwartung nicht aufbaut und infolgedessen auch nicht löst, wird er nach der Alltagsästhetik des Lesers von diesem als langweilig empfunden. Insofern ist das, was Frischs Roman bewirkt, kalkulierte Langeweile. Diese verhält sich zur unkalkulierten wie der kalkulierte Unsinn der Nonsense-Dichtung zum wirklichen Unsinn. Niemand wird Frischs Roman in dem Sinne spannend finden, in dem *Madame Bovary* und selbst ein so langsamer Roman wie Gontscharows *Oblomow* spannend ist. Andererseits wäre der Roman nicht so erfolgreich gewesen, wenn er nicht bei vielen Lesern Interesse geweckt hätte. Das Interessante an ihm ist eben die völlige Umkehr der gewohnten Rezeptionsform. So wie der Leser ästhetische Lust aus der Nonsense-Dichtung zieht, eben weil sie seine Erwartungen immer wieder ins Leere laufen läßt, so kann er auch einen Reiz darin finden, daß Frischs Roman ihn nicht zu einem klassischen Dénouement oder einer kathartischen Katastrophe hinführt, sondern im Gegenteil in eine grenzenlose Offenheit und Beliebigkeit. In dieser Beliebigkeit stellt sich das Dilemma unserer Zeit, nämlich das Fehlen jeder verbindlichen Norm dar. Der moderne Mensch ist zur Freiheit ver-

urteilt. Er lebt in die unbegrenzte Offenheit seiner Möglichkeiten hinein. Aber diese Möglichkeiten erscheinen bei Frisch nur als Rollen, nicht als Ausformungen eines authentischen Ichs. Wir haben es hier mit einer Weltsicht zu tun, die sich in den Jahren danach immer deutlicher in der Literatur ausdrückte und die zu einem Merkmal dessen wurde, was man Postmoderne nennt. Auf dem Theater sind es vor allem die Stücke von Botho Strauß, in denen sie artikuliert wird. Bei Frisch ist sie im *Gantenbein* das konsequente Fazit einer Problemstellung, die er in den vorangegangenen Romanen *Stiller* und *Homo faber* bereits thematisiert hatte. Auch da geht es um das Auseinanderfallen von Rolle und authentischem Ich. Während in diesen früheren Werken aber das Problem noch psychologisch-realistisch entwickelt und infolgedessen auch zu einer – wenn auch nicht kathartisch befriedigenden – Lösung gebracht wird, hat Frisch im *Gantenbein* das realistische Modell vollständig aufgegeben. Noch weiter in dieser Richtung hätte er wohl kaum gehen können, ohne sich selbst zu plagiieren.
Die anthropologische Grundform von Frischs Roman ist das Spiel. Zwar ist jede Art von Kunst dem Wesen nach Spiel, also simuliertes oder fingiertes Handeln, das auf das tatsächliche Leben der Menschen keine Auswirkungen hat. Aber in der traditionellen Kunst wird in der Form des Spiels der Ernst des Lebens simuliert, bei Frisch aber wird auf ernsthafte Weise das Leben als ein Spiel dargestellt. Hierin ähnelt er in mancher Hinsicht Beckett, dessen Werke oft schon durch ihre Titel den Spielcharakter anzeigen: *Endspiel*, *Spiel*, *Spiel ohne Worte*. Auch Becketts Figuren agieren »spielend« in einer grenzenlosen Offenheit, in der es keine sinnstiftenden Normen mehr gibt. Aber für sie besteht das Leben in ziellosen, gleichsam stationären Handlungen, die der einzige und letztmögliche Beweis ihrer Lebendigkeit sind. Becketts Figuren realisieren keine Möglichkeiten mehr, sondern ragen als nackte Existenzen aus dem Reich beliebiger Möglichkeiten in die Wirklichkeit hinein und versuchen sich dort zu behaupten. Bei Frisch haben die spielenden Selbstentwürfe

des erzählenden Ich durchaus noch die Funktion, die das Spiel im anthropologischen, ja im biologischen Sinne hat; denn nicht nur Menschen, sondern auch Tiere trainieren im Spiel Verhaltensweisen, die für sie im Ernstfall für das Überleben unerläßlich sind. Frischs Erzähler will den Knäuel seiner verworrenen Beziehung zu Lila entwirren, und er tut es, indem er einzelne Möglichkeiten spielerisch ausagiert. Durch die lilafarbene Blindenbrille sieht er die ganze Welt lila. Während er in Lila, seine Geliebte, hineinzuschauen versucht, stellt er sich selber in den Rollen ihres Ehemanns, Geliebten und Ex-Ehemanns vor und sieht sich damit so, wie Lila ihn in diesen Rollen sehen würde. Als eifersüchtig Liebender ist er wie alle Liebenden blind. Aber als einer, der sich blind stellte, wird er sehend. Am Ende ist in einer makabren Geschichte von einer Leiche die Rede, die die Limmat hinabtreibt und der es beinahe gelungen wäre: »Abzuschwimmen ohne Geschichte«. Der Erzähler aber taucht an dieser Stelle aus dem Fluß seiner Geschichten auf und findet sich im wirklichen Leben wieder.

> Alles ist wie nicht geschehen [...]. Es ist ein Tag im September, und wenn man aus den finstern und gar nicht kühlen Gräbern wieder ans Licht kommt, blinzeln wir, so grell ist der Tag; [...] wir sitzen an einem Tisch im Schatten und essen Brot, bis der Fisch geröstet ist, ich greife mit der Hand um die Flasche, prüfend, ob der Wein (Verdicchio) auch kalt sei, Durst, dann Hunger, Leben gefällt mir –

Das Spiel ist zu Ende. Das erzählende Ich kehrt gestärkt ins Leben zurück. Der lebensbejahende Schluß erinnert an die letzten Sätze Molly Blooms. Frischs Roman mutet wie das männliche Gegenstück zu Mollys Bewußtseinsstrom an. Schon Joyce hatte diesem ein männliches Gegenstück gegeben, nämlich Leopold Blooms Bestandsaufnahme seines Bewußtseins in der Form eines katechismusartigen Frage- und Antwortspiels. Blooms Fragen folgten alle dem Muster: Was war wann wo warum? Der innere Monolog von Frischs imaginärem Helden aber folgt dem Schema: Was wäre wenn? So ist in Joyces fragmentierter Welt durch die Risse noch ein Rest von realistischer Widerspiegelung der Wirklichkeit erkennbar. Bei Frisch aber ist die Erzählung nur ein Netz von heuristischen Entwürfen, mit dem das erzählende Ich sein Leben einzufangen versucht. Doch das tatsächliche, schiere Leben glitscht ihm durch die Maschen wie ein Schwarm kleiner Fische. Derweilen brät der wirkliche Fisch auf dem wirklichen Feuer im wirklichen Leben. Dies aber kann nicht erzählt, sondern nur gelebt werden. Das scheint das letzte und tiefste Fazit des Romans zu sein.

Indem er das Rollenspiel als die reale Form des menschlichen Lebens abbildet, bleibt Frisch dem Realismus, dessen klassisches Schema er auf den Kopf stellte, immer noch verpflichtet. Nach ihm setzt – vor allem im Ausland – ein ständig breiter anschwellender Strom von sogenannter metafiktionaler Literatur ein, in der der Erzählvorgang durch Selbstreferenz fortwährend gebrochen wird. Das Erzählen wird selbst zum Gegenstand des Erzählens, so daß die Fiktion nicht mehr als Abbild von Wirklichkeit erscheint, sondern umgekehrt die Wirklichkeit als Diskurs unzähliger Fiktionen. Die Anfänge dieser meist als postmodern bezeichneten Literatur reichen weit hinter die Moderne zurück. Schon in Laurence Sternes *Tristram Shandy* finden wir das Grundmuster einer Erzählhaltung vorgeprägt, die das Vertrauen in die Erzählbarkeit der Wirklichkeit verloren hat. Gegenwärtig sind der Amerikaner John Barth und der Engländer John Fowles typische Beispiele dieser metafiktionalen Erzählweise. Auf ihre Werke sind große Teile unseres Interpretationsinstrumentariums kaum oder gar nicht anwendbar, so wie sich auch die Gesetze der klassischen Harmonielehre nicht auf die atonale Musik anwenden lassen. Um ihnen gerecht zu werden, müßte man die entgegengesetzte Interpretationsrichtung einschlagen. Während unser traditionelles Interpretationsverfahren darauf aus ist, das Werkganze als Funktion aller seiner Teile zu verstehen, kann in den postmodernen Werken von einem Werkganzen kaum noch die Rede sein: führen sie den Leser doch gleichsam in ein Spiegelkabinett, das weder ein Subjekt noch eine objektive Wirklichkeit abbildet, sondern seine eigenen Bilder immer neu reflektiert und bricht. Zum Verstehen solcher Werke bedarf es eines ganz anderen Interpretationsverfahrens und eines ganz anderen ästhetischen Bezugssystems. Deshalb mußte diese Literatur bei der hier versuchten Interpretationsanleitung gänzlich unberücksichtigt bleiben. Im übrigen ist zur Zeit noch nicht abzusehen, ob es sich hier wirklich um künstlerisches Neuland handelt oder nicht nur um den Ausdruck eines Erschöpfungszustands der fiktionalen Erzählweise. Möglicherweise haben wir es dabei nur mit einem jener Manierismen zu tun, die bisher jedesmal auf eine erschöpfte Klassik gefolgt sind. Mit Joyce, Picasso und Strawinsky – um nur die Protagonisten der drei Hauptkünste zu nennen – liegt inzwischen die Moderne als die letzte abgeschlossene »Klassik« hinter uns. Jetzt scheint eine Zeit des Suchens nach neuen Formen zu folgen, wobei das spielerische Auflösen der alten unvermeidlich am Anfang stehen muß. Ob sich darin schon die neuen Formen abzeichnen, bleibt abzuwarten.

Quellenverzeichnis der zitierten Texte

29 *Ostrau ist eine kleine Kreisstadt unweit der Oder:* Gustav Freytag: Soll und Haben. Roman in sechs Büchern. In: Gesammelte Werke. Zweite Serie. Bd. 1. Leipzig: Hirzel o. J. S. 7.

48 *Er fügte ein großes Wort hinzu:* Gustave Flaubert: Madame Bovary. Übers. von Hans Reisiger. Reinbek bei Hamburg: Rowohlt 1952. S. 268.

70 *Mit ausgesprochenem Vorurteil gegen alles:* Jane Austen: Stolz und Vorurteil. Übers. von Ursula und Christian Grawe. Stuttgart: Reclam 1977. (Reclams UB Nr. 9871.) S. 223.

71 *Sie konnte ihn heute noch nachfühlen:* Henry James: Bildnis einer Dame. Übers. von Hildegard Blomeyer. Köln: Kiepenheuer & Witsch 1957. S. 446.

72 *Und da halte ich den Brief in der Hand:* Arthur Schnitzler: Fräulein Else. In: Gesammelte Werke. Die Erzählenden Schriften. Bd. 2. Frankfurt a. M.: S. Fischer 1961. S. 332.

73 *frsiiiiiiiifronnnng ein Zug irgendwo:* James Joyce: Ulysses. Übers. von Hans Wollschläger. Frankfurter Ausgabe der Werke James Joyces. Bd. 3,2. Frankfurt a. M.: Suhrkamp 1975. S. 968.

75 *Ein Schriftsteller sollte sich nicht:* Henry Fielding: Tom Jones. Die Geschichte eines Findlings. Übers. von Ursula Bruns. Gütersloh: Bertelsmann o. J. S. 5.

77 *So hören denn Euer Gnaden vor allem andern:* Das Leben des Lazarillo de Tormes. Seine Freuden und Leiden. Aus dem Spanischen übertr. von Helene Henze. Frankfurt a. M.: Insel Verlag 1959. S. 7.

79 *London. Der Michaelistermin gerade vorüber:* Charles Dickens: Bleak House. London 1852/53. Übers. vom Verfasser.

82 *Als unser Jahrhundert noch ein Teenager war:* William Makepeace Thackeray: Vanity Fair. London 1847/48. Übers. vom Verfasser.

82 *Er war einen, vielleicht auch zwei Zoll:* Joseph Conrad: Lord Jim. Übers. von Fritz Lorch. Frankfurt a. M.: S. Fischer 1962. S. 11.

84 *Er stand vor dem Tor des Tegeler Gefängnisses:* Alfred Döblin: Berlin Alexanderplatz. In: Ausgewählte Werke in Einzelbänden. In Verb. mit den Söhnen des Dichters hrsg. von Walter Muschg. Olten: Walter 1961. S. 13.

88 *Es ergibt sich aus dem Gesagten:* Aristoteles: Poetik. Übers. von Olof Gigon. Stuttgart: Reclam 1961. (Reclams UB Nr. 2337.) S. 36.

97 *Wie schön das war: dieses stille Rasten:* Ludwig Ganghofer: Gewitter im Mai. In: Gesammelte Schriften. Zweite Serie. Bd. 4. Stuttgart: Bonz 1914. S. 7.

99 *Hans Friedrich beginnt leise und zart:* Agnes Günther: Die Heilige und ihr Narr. Stuttgart: Steinkopf [140]1975. S. 363 f.

100 *Der leichte Wellengang, hier etwas dreister:* Rudolf Georg Binding: Unsterblichkeit. Frankfurt a. M.: Rütten & Loening 1922. S. 56 f.

102 *Die schlanken biegsamen Arme hoben:* Max Halbe: die Tat des Dietrich Stobäus. In: Sämtliche Werke, Bd. 10. Salzburg: Verlag »Das Bergland-Buch« 1945. S. 356 f.

104 *Am anderen Nachmittag traf sich das junge Volk:* Hermann Löns: Der Wehrwolf. Eine Bauernchronik. Jena: Diederichs 1923. S. 90.

135 *[Wilhelm und Serlo einigten] sich darüber:* Johann Wolfgang Goethe: Wilhelm Meisters Lehrjahre. In: Goethes Werke. Hrsg. von Erich Trunz. Bd. 7: Romane und Novellen II. 10., neubearb. Aufl. München: Beck 1981. S. 308.

167 *Mit dem stärksten Licht kann man die Welt auflösen:* Franz Kafka: Gesammelte Werke. Hrsg. von Max Brod. Taschenbuchausgabe in 7 Bdn. Bd. 6. Frankfurt a. M.: Fischer Taschenbuch Verlag 1976. S. 239.

168 *»Wenn es dich so lockt:* Franz Kafka: Vor dem Gesetz. In: Gesammelte Werke, Bd. 4, S. 120.

169 *Es gibt zwei menschliche Hauptsünden:* Franz Kafka: Gesammelte Werke, Bd. 6, S. 54.

169 f. *Wirkliche Realität ist immer unrealistisch:* Gustav Janouch: Gespräche mit Kafka. Aufzeichnungen und Erinnerungen. Frankfurt a. M.: S. Fischer 1961. (Fischer Bücherei 417.) S. 103 f.

Quellenverzeichnis der interpretierten Romane

Die Romanzitate folgen den angegebenen Ausgaben.

Thomas Mann (1875–1955)
Buddenbrooks. Verfall einer Familie. Berlin: S. Fischer 1901.

Johann Wolfgang Goethe (1749–1832)
Die Wahlverwandtschaften. In: Goethes Werke. Hamburger Ausgabe. Hrsg. von Erich Trunz. Bd. 6: Romane und Novellen I. 10., neubearb. Aufl. München: Beck 1981.

Charles Dickens (1812–70)
Great Expectations. Deutsch: Große Erwartungen. Übers. von Ulrike Jung-Grell. Stuttgart: Reclam 1993. (Reclams UB Nr. 1562.)

Theodor Fontane (1819–98)
Effi Briest. Mit einem Nachw. von Kurt Wölfel. Stuttgart: Reclam 1969. (Reclams UB Nr. 6961.)

Thomas Hardy (1840–1928)
Tess of the d'Urbervilles. A Pure Woman. Deutsch: Tess von den d'Urbervilles. Eine reine Frau. Übers. von Paul Baudisch. Neu hrsg. von Norbert H. Platz. Stuttgart: Reclam 1979. (Reclams UB Nr. 9935.)

Marcel Proust (1871–1922)
A la recherche du temps perdu. Deutsch: Auf der Suche nach der verlorenen Zeit. Übers. von Eva Rechel-Mertens. 13 Bde. Frankfurt a. M.: Suhrkamp 1964. (werkausgabe edition suhrkamp.)

James Joyce (1882–1941)
Ulysses. Deutsch: Ulysses. Übers. von Hans Wollschläger. Frankfurter Ausgabe der Werke James Joyces. Bd. 3,1 u. 3,2. Frankfurt a. M.: Suhrkamp 1975.

Franz Kafka (1883–1924)
Das Schloß. In: Gesammelte Werke. Hrsg. von Max Brod. Taschenbuchausgabe in 7 Bdn. Bd. 3. Frankfurt a. M.: Fischer Taschenbuch Verlag 1976.

Günter Grass (geb. 1927)
Die Blechtrommel. Darmstadt. Luchterhand 1959.

Max Frisch (1911–91)
Mein Name sei Gantenbein. Frankfurt a. M.: Suhrkamp 1964.

Literaturempfehlungen

Zum Roman allgemein

Zur Frühgeschichte der Romantheorie

Friedrich von Blanckenburg: Versuch über den Roman. Faksimiledruck der Originalausgabe von 1774. Mit einem Nachw. von Eberhard Lämmert. Stuttgart: Metzler 1965. (Sammlung Metzler 39.) (Erste bedeutende Auseinandersetzung mit dem Roman in Deutschland.)

Friedrich Spielhagen: Beiträge zur Theorie und Technik des Romans. Leipzig: Staackmann 1883. Faksimiledruck mit einem Nachw. von Hellmut Himmel. Göttingen: Vandenhoeck & Ruprecht 1964. (Unterhaltsame und geistvolle Plauderei aus der Werkstatt eines Praktikers.)

Reinhold Grimm (Hrsg.): Deutsche Romantheorien. Beiträge zu einer historischen Poetik des Romans in Deutschland. Frankfurt a. M.: Athenäum Verlag 1968.

Drei englische »Klassiker«

Percy Lubbock: The Craft of Fiction. London: J. Cape 1921.

Edward M. Forster: Aspects of the Novel. London: E. Arnold 1927. Deutsch: Ansichten des Romans. Übers. von Walter Schürenberg. Frankfurt a. M.: Suhrkamp 1949. Neuausgabe: Frankfurt a. M.: Suhrkamp 1962. (Bibliothek Suhrkamp 30.)

Edwin Muir: The Structure of the Novel. London: Hogarth Press 1928.

Zur Poetik und Theorie des Romans

Robert Petsch: Wesen und Formen deutscher Erzählkunst. 2., verm. u. verb. Aufl. Halle: Niemeyer 1942. (Die Analyse des Erzählvorgangs ist noch lesenswert.)

Wolfgang Kayser: Das sprachliche Kunstwerk. Eine Einführung in die Literaturwissenschaft. Bern: Francke 1948. (Als Einstiegshilfe noch brauchbar; ansonsten für die Romaninterpretation nicht sehr ergiebig.)

Eberhard Lämmert: Bauformen des Erzählens. Stuttgart: Metzler 1955. 2., durchges. Aufl. Stuttgart: Metzler 1967.

(Schwerpunkt auf den Zeitbezügen und dem sukzessiven Vorgang des Erzählens.)
Wayne C. Booth: The Rhetoric of Fiction. Chicago: University of Chicago Press 1961.
Deutsch: Die Rhetorik der Erzählkunst. Übers. von Alexander Polzin. Heidelberg: Quelle & Meyer 1974. (UTB 384.)
(Schwerpunkt auf Erzählerstandpunkt, Perspektive, Rolle des Erzählers.)
Franz K. Stanzel: Typische Formen des Romans. Göttingen: Vandenhoeck & Ruprecht 1964. (Kleine Vandenhoeck-Reihe 187.)
(Knappe, leicht faßliche Darstellung dreier Erzähltypen und kurze Einführung in die Romantypologie.)
Volker Klotz: Zur Poetik des Romans. Darmstadt: Wissenschaftliche Buchgesellschaft 1965.
(Sammlung wichtiger, überwiegend älterer Beiträge zur Poetik des Romans.)
Norbert Miller (Hrsg.): Romananfänge. Versuch zu einer Poetik des Romans. Berlin: Literarisches Colloquium 1965.
Wolfgang Iser: Der implizite Leser. Kommunikationsformen des Romans von Bunyan bis Beckett. München: Fink 1972.
(Rezeptions- und wirkungsästhetischer Ansatz, der Leserrolle, Leserlenkung u. ä. untersucht.)
Franz K. Stanzel: Theorie des Erzählens. Göttingen: Vandenhoeck & Ruprecht 1979. (UTB 904.)
(Fortführung des Ansatzes von: Typische Formen des Romans 1964, siehe oben.)
Bruno Hillebrand: Theorie des Romans. München: Winkler 1972. Überarb. u. erw. Aufl. München: Deutscher Taschenbuch Verlag 1980.
(Abriß der Geschichte und Theorie des Romans seit der Antike mit starker Betonung des 20. Jahrhunderts. Anregend, aber für die Interpretation weniger hilfreich.)
Hans-Werner Ludwig (Hrsg.): Arbeitsbuch Romananalyse. Tübingen: Narr 1982. (Literaturwissenschaft im Grundstudium 12.)
(Nützlich vor allem für Literaturstudenten im Grundstudium; sehr informativ, didaktisch gut aufbereitet.)
Gerard Genette: Die Erzählung. München: Fink 1994. (UTB 8083.)
Matias Martinez / Michael Scheffel: Einführung in die Erzähltheorie. München: Beck 1999.
Hartmut Steinecke / Fritz Wahrenburg (Hrsg.): Romantheorie. Texte vom Barock bis zur Gegenwart. Stuttgart: Reclam 1999 [u. ö.]. (Reclams UB Nr. 18025.)

Zur Theorie und Struktur des modernen Romans

Karl Migner: Theorie des modernen Romans. Eine Einführung. Stuttgart: Kröner 1970.
(Enthält eine informative Einleitung über »Allgemeine Probleme des Romans« und eine »Geschichte der Romantheorie im Abriß«.)

Ulrich Broich: Gattungen des modernen englischen Romans. Wiesbaden: Akademische Verlagsgesellschaft Athenaion 1975. (Schwerpunkte Anglistik. Hrsg. von Ewald Standop. 9.)

Ulf Eisele: Die Struktur des modernen deutschen Romans. Tübingen: Niemeyer 1984.
(Enthält Modellanalysen von Brochs »Die Schlafwandler«, Musils »Der Mann ohne Eigenschaften«, Th. Manns »Der Zauberberg« und Brechts »Dreigroschenroman« sowie ein Schlußkapitel über Kafkas »Schloß«.)

Jürgen H. Petersen: Der deutsche Roman der Moderne. Grundlegung–Typologie–Entwicklung. Stuttgart: Metzler 1991.

Zu populären Formen der Epik

Peter Nusser: Der Kriminalroman. Stuttgart: Metzler 1980. (Sammlung Metzler 191.)

Peter Nusser: Trivialliteratur. Stuttgart: Metzler 1991. (Sammlung Metzler 262.)

Zu einzelnen Romanen

Nützliche Buchreihen (Erläuterungen zu einzelnen Werken)

Analysen und Reflexionen. Hollfeld: Beyer.

Editionen für den Literaturunterricht. Hrsg. von Dietrich Steinbach. Stuttgart: Klett.

Königs Erläuterungen und Materialien. Hollfeld: Bange.
(Alle drei Reihen für den Schulgebrauch konzipiert.)

Erläuterungen und Dokumente. Stuttgart: Reclam.

Hanser Literatur-Kommentare. Hrsg. von Wolfgang Frühwald. München: Hanser.

Lektüreschlüssel für Schüler. Stuttgart: Reclam.

Oldenbourg-Interpretationen. München: Oldenbourg.
(Diese vier Reihen auch für das Studium geeignet.)

Sammelbände mit Interpretationen

a) Deutsche Romane

Benno von Wiese (Hrsg.): Der deutsche Roman vom Barock bis zur Gegenwart. Struktur und Geschichte. 2 Bde. Düsseldorf: Bagel 1963.

Jost Schillemeit (Hrsg.): Deutsche Romane von Grimmelshausen bis Musil. Frankfurt a. M.: S. Fischer 1966. (Interpretationen 3.)

Manfred Brauneck (Hrsg.): Der deutsche Roman im 20. Jahrhundert. Analysen und Materialien zur Theorie und Soziologie des Romans. 2 Bde. Bamberg: Buchner 1976.
(Enthält außer Interpretationen auch Allgemeines zur Theorie des Romans.)

Jakob Lehmann (Hrsg.): Deutsche Romane von Grimmelshausen bis Walser. Interpretationen für den Literaturunterricht. 2 Bde. Königstein i.Ts.: Scriptor Verlag 1982. 2. Aufl. 1983 als Scriptor Taschenbücher 166 u. 167.

Horst Brunner (Hrsg.): Interpretationen. Mittelhochdeutsche Romane und Heldenepen. Stuttgart: Reclam 1993 [u. ö.]. (Reclams UB Nr. 8914.)

Interpretationen. Romane des 19. Jahrhunderts. Stuttgart: Reclam 1992 [u. ö.]. (Reclams UB Nr. 8418.)

Interpretationen. Romane des 20. Jahrhunderts. Stuttgart: Reclam 1993–2003. Bd. 1 (Reclams UB Nr. 8808.); Bd. 2 (Reclams UB Nr. 8809.); Bd. 3 (Reclams UB Nr. 17522.)

Frank R. Max / Christine Ruhrberg (Hrsg.): Reclams Romanlexikon. Stuttgart: Reclam 1998–2000. Bd. 1: Vom Mittelalter bis zur Klassik (Reclams UB Nr. 18001.); Bd. 2: Von der Romantik bis zum Naturalismus (Reclams UB Nr. 18002.); Bd. 3: 20. Jahrhundert I (Reclams UB Nr. 18003.); Bd. 4: 20. Jahrhundert II (Reclams UB Nr. 18004.); Bd. 5: 20. Jahrhundert III (Reclams UB Nr. 18005.)

b) Englische Romane

Horst Oppel (Hrsg.): Der moderne englische Roman. Interpretationen. Berlin: Schmidt 1965.

Franz K. Stanzel (Hrsg.): Der englische Roman. Vom Mittelalter zur Moderne. 2 Bde. Düsseldorf: Bagel 1969.

Willi Erzgräber (Hrsg.): Englische Literatur von Morus bis Sterne. Frankfurt a. M.: S. Fischer 1970. (Interpretationen 7.)

Willi Erzgräber: Englische Literatur von Blake bis Hardy. Frankfurt a. M.: S. Fischer 1970. (Interpretationen 8.)
Paul Goetsch / Heinz Kosok / Kurt Otten (Hrsg.): Der englische Roman im 19. Jahrhundert. Interpretationen. Berlin: Schmidt 1973.

c) Amerikanische Romane

Gerhard Hoffmann (Hrsg.): Amerikanische Literatur. Das 19. Jahrhundert. Frankfurt a. M.: S. Fischer 1971. (Interpretationen 10.)
Gerhard Hoffmann (Hrsg.): Amerikanische Literatur. Das 20. Jahrhundert. 2 Bde. Frankfurt a. M.: S. Fischer 1972. (Interpretationen 11 u. 12.)
Edgar Lohner (Hrsg.): Der amerikanische Roman im 19. und 20. Jahrhundert. Interpretationen. Berlin: Schmidt 1974.

d) Französische Romane

Walter Pabst (Hrsg.): Der moderne französische Roman. Interpretationen. Berlin: Schmidt 1968.
Dieter Steland (Hrsg.): Französische Literatur von Ronsard bis Rousseau. Frankfurt a. M.: S. Fischer 1969. (Interpretationen 5.)
Dieter Steland (Hrsg.): Französische Literatur von Beaumarchais bis Camus. Frankfurt a. M.: S. Fischer 1969. (Interpretationen 6.)

Zu den behandelten Romanen

Buddenbrooks

Erich Heller: Thomas Mann. Der ironische Deutsche. Frankfurt a. M.: Suhrkamp 1959.
Teilabdruck u. d. T. »Thomas Mann: Buddenbrooks« in: Deutsche Romane von Grimmelshausen bis Musil. Hrsg. von Jost Schillemeit. Frankfurt a. M.: S. Fischer 1966. (Interpretationen 3.) S. 230 bis 268.
Eberhard Lämmert: Thomas Mann: Buddenbrooks. In: Der deutsche Roman. Hrsg. von Benno von Wiese. Bd. 2. Düsseldorf: Bagel 1963. S. 190–233.
Jochen Vogt: Thomas Mann: Buddenbrooks. München: Fink 1983. (UTB 1074.)
Fred Müller: Thomas Mann. Buddenbrooks. 2., überarb. und erg. Aufl. München: Oldenbourg 1988. (Oldenbourg-Interpretationen 23.)

Georg Wenzel: Buddenbrooks – Leistung und Verhängnis als Familienschicksal. In: Interpretationen: Thomas Mann. Romane und Erzählungen. Hrsg. von Volkmar Hansen. Stuttgart: Reclam 1993. (Reclams UB Nr. 8810.) S. 11–46.

Die Wahlverwandtschaften

Walter Benjamin: Goethes Wahlverwandtschaften. In: Neue deutsche Beiträge. Hrsg. von Hugo von Hofmannsthal. 2. Folge. Heft 1 (1924) S. 38–138; Heft 2 (1925) S. 134–168.
Wiederabdruck in: Goethe, Wahlverwandtschaften. Mit dem Essay von Walter Benjamin. Erläuterungen von Hans-J. Weitz. Frankfurt a. M.: Insel Verlag 1972. (insel taschenbuch 1.)

Paul Hankamer: Spiel der Mächte. Ein Kapitel aus Goethes Leben und Goethes Welt. Tübingen: Wunderlich 1943.
(Handelt u. a. ausführlich vom Dämonischen bei Goethe.)
Daraus Teilabdruck u. d. T. »Goethes Wahlverwandtschaften« in: Deutsche Romane von Grimmelshausen bis Musil. Hrsg. von Jost Schillemeit. Frankfurt a. M.: S. Fischer 1966. (Interpretationen 3.) S. 49–81.

Peter Ammann: Schicksal und Liebe in Goethes »Wahlverwandtschaften«. Bern: Francke 1962.
(Enthält ein Kapitel über »Goethes Bild des Dämonischen«.)

Ewald Rösch (Hrsg.): Goethes Roman »Die Wahlverwandtschaften«. Darmstadt: Wissenschaftliche Buchgesellschaft 1975.
(Enthält wichtige Beiträge internationaler Fachgelehrter von 1906 bis 1971.)

Norbert W. Bolz (Hrsg.): Goethes Wahlverwandtschaften. Kritische Modelle und Diskursanalysen zum Mythos Literatur. Hildesheim: Gerstenberg 1981.
(Sehr moderne, z. T. etwas »ungoethesche« Ansätze.)

Ursula Ritzenhoff (Hrsg.): Johann Wolfgang Goethe, Die Wahlverwandtschaften. Erläuterungen und Dokumente. Stuttgart: Reclam 1982. (Reclams UB Nr. 8156.)

Walter Seifert: Johann Wolfgang Goethe, Die Wahlverwandtschaften. Eheproblematik und elementare Selbstverwirklichung. In: Deutsche Romane von Grimmelshausen bis Walser. Interpretationen für den Literaturunterricht. Hrsg. von Jakob Lehmann. Königstein i.Ts.: Scriptor Verlag 1982. S. 49–66.

Werner Schwan: Goethes »Wahlverwandtschaften«. Das nicht erreichte Soziale. München: Fink 1983.

David E. Wellbery: Die Wahlverwandtschaften (1809). In: Goethes Erzählwerk. Interpretationen. Hrsg. von Paul Michael Lützeler und James E. MacLeod. Stuttgart: Reclam 1985. (Reclams UB Nr. 8081.) S. 291–318.
(Sehr moderne, Widerspruch weckende, am Werk möglicherweise vorbeigehende Interpretation.)

Große Erwartungen

Ludwig Borinski: Dickens' Great Expectations. In: L. B., Meister des modernen englischen Romans. Heidelberg: Quelle & Meyer 1963. S. 7–31.
Walther Killy: Der Roman als Märchen. Dickens: Great Expectations. In: W. K., Wirklichkeit und Kunstcharakter. Neun Romane des 19. Jahrhunderts. München: Beck 1967. S. 104–124.
Joseph Hillis Miller: Charles Dickens: Great Expectations. In: Englische Literatur von Blake bis Hardy. Hrsg. von Willi Erzgräber. Frankfurt a. M.: S. Fischer 1970. (Interpretationen 8.) S. 230–260.
Christian W. Thomsen: Charles Dickens: Great Expectations. In: Der englische Roman im 19. Jahrhundert. Interpretationen. Hrsg. von Paul Goetsch [u. a.]. Berlin: Schmidt 1973. S. 165–179.
Hans-Dieter Gelfert: Die Symbolik im Romanwerk von Charles Dickens. Stuttgart: Kohlhammer 1974.

Tess von den d'Urbervilles

Franz K. Stanzel: Thomas Hardy: Tess of the d'Urbervilles. In: Der moderne englische Roman. Interpretationen. Hrsg. von Horst Oppel. Berlin: Schmidt 1965. S. 35–48.
Robert Fricker: Der moderne englische Roman. 2., neubearb. u. erw. Aufl. Göttingen: Vandenhoeck & Ruprecht 1966. S. 26–31.

Effi Briest

Wolfgang Müller-Seidel: Effi Briest. Zur Tradition des Eheromans. In: Wissenschaft als Dialog. Studien zur Literatur und Kunst seit der Jahrhundertwende. Hrsg. von Renate von Heydebrand u. Klaus G. Just. Stuttgart: Metzler 1969. S. 30–58.
Walter Schafarschik (Hrsg.): Theodor Fontane, Effi Briest. Erläuterungen und Dokumente. Stuttgart: Reclam 1972. (Reclams UB Nr. 8119.)

Thomas Degering: Das Verhältnis von Individuum und Gesellschaft in Fontanes »Effi Briest« und Flauberts »Madame Bovary«. Bonn: Bouvier 1978.
Elsbeth Hamann: Theodor Fontane, Effi Briest. München: Oldenbourg 1981. (Interpretationen für Schule und Studium.)
Christian Grawe: Effi Briest. In: Fontanes Novellen und Romane. Interpretationen. Hrsg. von Christian Grawe. Stuttgart: Reclam 1991. (Reclams UB Nr. 8416.) S. 217–242.

Auf der Suche nach der verlorenen Zeit

Ernst Robert Curtius: Marcel Proust. (Zuerst 1925.) In: E. R. C., Französischer Geist im zwanzigsten Jahrhundert. Bern: Francke 1952. S. 274–355.
Wiederabdruck in: Französische Literatur von Beaumarchais bis Camus. Hrsg. von Dieter Steland. Frankfurt a. M.: S. Fischer 1969. S. 209–269.
Georges Poulet: Marcel Proust. Zeit und Raum. Frankfurt a. M.: Suhrkamp 1966. (Bibliothek Suhrkamp 170.)
Georges Poulet: Marcel Proust: A la recherche du temps perdu. In: Der moderne französische Roman. Interpretationen. Hrsg. von Walter Pabst. Berlin: Schmidt 1968. S. 120–133.
Hans Robert Jauß: Zeit und Erinnerung in Marcel Prousts »A la recherche du temps perdu«. Ein Beitrag zur Theorie des Romans. (Zuerst 1955.) Erw. Ausg. Frankfurt a. M.: Suhrkamp 1986. (suhrkamp taschenbuch wissenschaft 587.)
Klaus Kremp: Der Roman von Proust. Ein Überblick. Frankfurt a. M.: Verlag Roter Stern 1988.

Ulysses

Stuart Gilbert: James Joyce's Ulysses (1930). Rev. ed. New York: Knopf 1952.
Deutsch: Das Rätsel Ulysses. Übers. von Georg Goyert. Frankfurt a. M.: Suhrkamp 1977.
Samuel Louis Goldberg: Joyce. Edinburgh: Oliver & Boyd 1962.
Daraus Teilabdruck u. d. T. »Der ›Ulysses‹ von James Joyce: Der gesunde und fröhliche Geist«. In: Englische Literatur von Wilde bis Beckett. Hrsg. von Willi Erzgräber. Frankfurt a. M.: S. Fischer 1970. S. 100–129.

Robert Fricker: Der moderne englische Roman. 2., neubearb. u. erw. Aufl. Göttingen: Vandenhoeck & Ruprecht 1966. S. 108–118.

Herbert Rauter: James Joyce: Ulysses. In: Der englische Roman. Vom Mittelalter zur Moderne. Hrsg. von Franz K. Stanzel. Bd. 2. Düsseldorf: Bagel 1969. S. 317–355.

Arno Esch: James Joyce und sein Ulysses. Köln: Westdeutscher Verlag 1970.

Therese Fischer-Seidel (Hrsg.): James Joyces »Ulysses«. Neuere Aufsätze. Frankfurt a. M.: Suhrkamp 1977. (edition suhrkamp 826.)

Das Schloß

Wilhelm Emrich: Franz Kafka. Frankfurt a. M.: Athenäum Verlag 1957. S. 298–410.

Homer Swander: Kafka's Village. In: Franz Kafka Today. Hrsg. von Angel Flores u. Homer Swander. Madison: University of Wisconsin Press 1958.
Deutsch u. d. T. »Zu Kafkas ›Schloß‹« in: Deutsche Romane von Grimmelshausen bis Musil. Hrsg. von Jost Schillemeit. Frankfurt a. M.: S. Fischer 1966. (Interpretationen 3.) S. 269–289.

Heinz Politzer: Franz Kafka. Parable and Paradox. New York: Cornell 1962.
Deutsch: Franz Kafka, der Künstler. Frankfurt a. M.: S. Fischer 1965. Frankfurt a. M.: Suhrkamp 1978. (suhrkamp taschenbuch 433.)

Peter Ulrich Beicken: Franz Kafka. Frankfurt a. M.: Athenäum Verlag 1974. S. 328–337.

Hartmut Binder: Kafka-Kommentar zu den Romanen, Rezensionen, Aphorismen und zum Brief an den Vater. München: Winkler 1976. S. 262–375.

Hartmut Binder (Hrsg.): Kafka-Handbuch in zwei Bdn. Bd. 2: Das Werk und seine Wirkung. Stuttgart: Kröner 1979. S. 441 bis 469.

Axel Dornemann: Im Labyrinth der Bürokratie. Tolstojs »Auferstehung« und Kafkas »Schloß«. Heidelberg: Winter 1984.

Ulf Eisele: Kritik der poetischen Identität: »Das Schloß«. In: U. E., Die Struktur des modernen deutschen Romans. Tübingen: Niemeyer 1984. S. 314–340.

Michael Müller: Das Schloß. In: Interpretationen: Franz Kafka. Romane und Erzählungen. Hrsg. von Michael Müller. Stuttgart: Reclam 2003. (Reclams UB Nr. 17521.) S. 253–283.

Die Blechtrommel

Hans Mayer: Felix Krull und Oskar Matzerath. Aspekte des Romans. In: H. M., Das Geschehen und das Schweigen. Frankfurt a. M.: Suhrkamp 1969. S. 35–67.

Robert Leroy: »Die Blechtrommel« von Günter Grass. Eine Interpretation. Paris: Société d'Edition »Les Belles Lettres« 1973.

Manfred Durzak: Kunstfigur und Figur des Künstlers: »Die Blechtrommel«. In: Der deutsche Roman der Gegenwart. Entwicklungsvoraussetzungen und Tendenzen. 3., erw. u. veränd. Aufl. Stuttgart: Kohlhammer 1979. S. 257–268.

Hans Kügler: Günter Grass. Die Blechtrommel oder die entmythologisierte Zeitgeschichte. Nachtrag zum Lernziel »Historisches Verstehen«. In: Deutsche Romane von Grimmelshausen bis Walser. Interpretationen für den Literaturunterricht. Hrsg. von Jakob Lehmann. Königstein i.Ts.: Scriptor Verlag 1982.

Detlef Krumme: Günter Grass, Die Blechtrommel. München: Hanser 1986. (Hanser Literatur-Kommentare 24.)

Volker Neuhaus: Die Blechtrommel. Interpretation. München: Oldenbourg 1988. (Oldenbourg-Interpretationen 16.)

Volker Neuhaus: Günter Grass: Die Blechtrommel. In: Interpretationen. Romane des 20. Jahrhunderts. Bd. 2. Stuttgart: Reclam 1993 [u. ö.]. (Reclams UB Nr. 8809.) S. 120–142.

Volker Neuhaus: Günter Grass, Die Blechtrommel. Erläuterungen und Dokumente. Stuttgart: Reclam 1997. (Reclams UB Nr. 16005.)

Mein Name sei Gantenbein

Wolf R. Marchand: Max Frisch, Mein Name sei Gantenbein. In: Über Max Frisch I. Hrsg. von Thomas Beckermann. Frankfurt a. M.: Suhrkamp 1971. S. 205–234. (edition suhrkamp 404.) Wiederabdruck in: Max Frisch. Hrsg. von Walter Schmitz. Frankfurt a. M.: Suhrkamp 1987. S. 295–324. (suhrkamp taschenbuch 2059.)

Manfred Jurgensen: Mein Name sei Gantenbein. In: Max Frisch – Beiträge zu einer Wirkungsgeschichte. Hrsg. von Albrecht Schau. Freiburg i. Br.: Berckmann 1971. S. 126–161.

Doris Fulda Merrifield: Max Frischs »Mein Name sei Gantenbein«: Versuch einer Strukturanalyse. (Zuerst 1968.) Ebd. S. 162–171.

Otto Schober: Max Frisch, Mein Name sei Gantenbein. Spiegelungen des Rollenverhaltens im Roman. In: Der deutsche Roman im

20. Jahrhundert. Analysen und Materialien zur Theorie und Soziologie des Romans. Hrsg. von Manfred Brauneck. Bd. 2. Bamberg: Buchner 1976. S. 74–96.
Manfred Jurgensen: Wirklichkeit, Möglichkeit und Fiktion in Max Frischs »Mein Name sei Gantenbein«. In: Max Frisch. Aspekte des Prosawerks. Hrsg. von Gerhard P. Knapp. Bern: Lang 1978. S. 131–156.